스피노자의 『윤리학』 읽기

세창명저산책_067

스피노자의 『윤리학』 읽기

초판 1쇄 인쇄 2019년 9월 3일
초판 1쇄 발행 2019년 9월 10일

—

지은이 서정욱
펴낸이 이방원
기획위원 원당희
편　집 송원빈·김명희·안효희·윤원진·정조연·정우경
디자인 손경화·박혜옥　**영업** 최성수　**기획·마케팅** 이미선

—

펴낸곳 세창미디어
출판신고 2013년 1월 4일 제312-2013-000002호
주소 03735 서울시 서대문구 경기대로 88 냉천빌딩 4층
전화 02-723-8660　**팩스** 02-720-4579
이메일 edit@sechangpub.co.kr　**홈페이지** http://www.sechangpub.co.kr/

—

ISBN 978-89-5586-564-6 02160

이 도서의 국립중앙도서관 출판예정도서목록(CIP)은 서지정보유통지원시스템 홈페이지(http://seoji.nl.go.kr)와
국가자료종합목록 구축시스템(http://kolis-net.nl.go.kr)에서 이용하실 수 있습니다.(CIP제어번호 : CIP2019032940)

세창명저산책_067

Benedictus de
SPINOZA

서정욱 지음

스피노자의 『윤리학』 읽기

세창미디어
MEDIA

옳고 그름이라는 지혜에 대하여

Und wenn ich wüßte, daß morgen die Welt unterginge,

so würde ich doch heute mein Apfelbäumchen pflanzen.

내일 지구의 종말이 온다는 것을 내가 안다고 해도,

나는 오늘 나의 아주 작은 사과나무를 심겠다.

 흔히 스피노자가 한 말로 알려진 이 문장은 루터의 고향 독일의 아이제나흐Eisenach에 있는 루터 기념비에 조각된 내용입니다.

 인터넷이 발달하고 세계 구석구석을 여행하는 사람이 많

습니다. 여행을 다녀온 후 많은 사람은 자신의 기행문을 블로그에 올립니다. 스피노자가 했다는 이 명언에 관한 내용도 참 많이 있습니다. 그런데 이 유명한 문장은 스피노자가 아닌 종교개혁을 주도한 마르틴 루터가 한 말이라는 주장이 있습니다. 독일 사람들도 이 문장이 루터의 것이라고 밝히고 있습니다. 우리나라에서는 1966년과 1971년 일간지에 이 문장이 스피노자의 유명한 글귀로 소개되면서 오늘날에 이르게 됩니다.

확인되지 않는 이 문장을 놓고 한 가지 생각해 봅니다. 스피노자는 시기적으로 루터보다 약 150년 이후 활동한 철학자입니다. 만약 이 문장이 루터가 한 말이라면, 스피노자뿐 아니라 여러 사람이 이미 알고 있었을 것이라 가정해 봅니다. 그렇다면 비슷한 상황에서 스피노자도 루터의 이 유명한 말을 했을 수도 있다는 추론이 가능합니다.

중요한 것은 누가 이 유명한 말을 했느냐가 아니라 왜 했느냐입니다. 루터는 가톨릭 신부로 종교를 사랑하여 종교개혁을 이끈 사상가입니다. 스피노자도 유대교에 대해 모태신앙을 가진 철학자입니다. 두 사상가 모두 자신의 종교를 사랑했다는 사실을 우리는 알고 있습니다. 그렇다면 이들이 내일 종말을 맞는다면 해야 할 것이 무엇일까요? 종교를 사랑하고 신을 믿는 이들이 해야 할 일은 당연히 기도일 것입니다. 그런데 이들은 기도를 하지 않고 사과나무, 그것도 작은 묘목을 심겠다는 것입니다.

요즘 많은 사람이 우리 사회에 철학이 부족하다고 합니다. 철학이 무엇이기에 그런 말을 할까요? 그 이유는 철학에서 찾아봐야 할 것입니다. 필로소피아Philosophia를 어원으로 갖고 있는 철학은 지혜를 사랑하는 학문입니다. 지혜는 객관적인 답을 한 가지 정하는 지식과 달리, 자기 주관을 통해 옳고 그름을 구별하는 것입니다. 우리 사회에 철학이 부족하다는 말은 곧 옳고 그름을 구별할 수 있는 혜안이 없다는 뜻이겠죠. 지식은 넘쳐 납니다. 인터넷은 지식의 바다라고 합니다. 일반적인 상식부터 최고급 전문분야까지 모르는 것을 묻는 순간 쉽게 답을 얻을 수 있습니다. 그런데 지혜는 어떻습니까? 지식의 바다인 인터넷에서도 지혜에 대한 얘기만 나오면 갑론을박으로 댓글이 끊임없이 이어집니다.

종교의 바탕은 지식일까요, 아니면 지혜일까요? 만약 지식이라면 우리는 왜 스피노자가 종교에서 철학이라는 학문을 택했는지 쉽게 답을 얻을 수 있습니다. 스피노자는 스승 판 덴 엔덴을 통해 철학을 접한 후 고민에 빠집니다. 그는 자신의 삶과 자신이 속해 있는 유대 사회의 답을 정하는 문제로 고민한 것이 아니라, 옳고 그름을 구별하는 문제로 고민한 것 같습니다. 이렇게 그는 종교보다 철학을 택합니다.

다시 사과나무 얘기로 돌아가 봅시다. 루터가 한 말이든 루터의 말을 스피노자가 인용한 것이든 위 문장이 스피노자가 한 말이라면, 지구 종말을 앞둔 스피노자는 기도 대신에 사과나무를 심겠다고 했습니다. 왜일까요? 여기서 자유라는 단어를 생각해 봅니다. 단적인 증거로 스피노자는 자신의 자유를 위해 하이델베르크 대학교 교수초빙을 정중하게 거절합니다. 스피노자 이전에도 이후에도 종교와 자유의 관계를 주장한 철학자는 많습니다. 어떤 철학자는 종교가 있기 때문에 자유롭다고 하고, 어떤 철학자는 종교가 없어서 자유롭다고도 합니다.

스피노자는 유대교로부터 파문을 당한 이후 너무나 자유롭게 저술 활동을 합니다. 물론 그 저술 활동의 결과물이 스피노자가 생존한 동안에는 빛을 보지 못했습니다. 하지만 우리는 그의 자유로운 저술 활동의 최대 결과물을 그의 저서 『윤리학』에서 찾습니다. 그리고 이『윤리학』이 철저하게 종교를 대표하는 신을 중심으로 한 내용이라는 사실도 잘 알고 있습니다. 동시에 자유라는 단어도 이 저서에는 끊임없이 주장되고 있습니다. 이렇게 스피노자의 철학은 신과 자유라는 두 주제를 놓고 하나의 답을 찾은 것이 아니라 옳고 그름을 찾은 것이라 할 수 있습니다.

아무도 철학을 원하지 않지만, 철학이 필요하다고 말하는 요즘, 세창미디어에서는 명저산책 시리즈를 출판하고 있습니다. 이 책은 그중 한 권으로 스피노자의 저서 중『윤리학』을 요약하였습니다. 스피노자의 저서는 모두 라틴어로 저술되어 있습니다. 물론 독일어 번역서도 많이 있습니다. 이 책을 저술하면서 슈테른Jakob Stern 교수님이 번역한 독일 레클람Reclam 출판사의 라틴어와 독일어판을 주로 참고하였습니다. 그리고 게브하르트Carl Gebhardt 교수님이 편집한 스피노자 전집(Felix Meiner 출판사) 중 2권(쇼틀랜더Rudlof

Schottlaender 번역) 『윤리학』도 함께 참고하였습니다. 두 분이 라틴어를 번역하면서 독일어를 서로 다르게 사용한 부분이 많습니다. 이 저서에서는 이 두 분이 사용한 단어 중에서 그래도 우리 정서에 맞는 것을 골라 인용하였습니다. 또한, 강영계 선생님과 차근호 선생님의 번역본을 주로 참고하였고, 두 독일어판과 위 두 분의 번역서를 중심으로 〈정의〉, 〈공리〉, 〈정리〉 등을 인용하였습니다. 뿐만 아니라 이혁주 선생님이 번역한 스티븐 내들러Steven Nadler의 『에티카를 읽는다』와 김익현 선생님이 번역한 토마스 쿡J. Thomas Cook의 『스피노자의 에티카 입문』도 함께 참고하였습니다. 특히 이 두 권의 저서는 본 저서의 소제목을 정하고 나누는데 많은 도움을 주었습니다. 이 지면을 통해 감사를 전합니다.

스피노자가 그러했듯이 이 저서를 통해 철학을 갈구하는 많은 분들이 답을 정하기보단, 옳고 그름에 대해서 생각하고, 자유라는 단어를 떠올리면서 행복했으면 좋겠습니다. 지혜를 바탕으로 이런 자유로운 생각을 할 수 있는 공간을 마련해 주신 세창미디어 이방원 사장님과 이 시리즈를 기획하신 원당희 선생님께 감사드립니다. 그리고 이 책의 편집을 위해 고생해 주신 이미선 선생님과 송원빈 선생님께 이 지면을 통해 무한한 감사를 전합니다.

2019년 8월

서정욱

| CONTENTS |

1장
스피노자의 교육과 사회진출

1. 시대적 배경과 출생

13세기부터 시작된 이탈리아의 문예부흥은 15세기경 전 유럽에 꽃을 피우고 16세기에는 종교개혁이라는 새로운 역사를 만들었다. 종교개혁은 양면성을 갖는데 하나는 종교의 다변화와 다양화이고, 다른 하나는 과학의 발달과 함께 시작된 종교의 몰락이다. 16세기부터 시작된 종교의 몰락은 17세기에 이르러 극에 달하고 문화사적으로 새로운 시대가 열린다. 그것은 바로 근대라는 새로운 시대다.

근대라는 시대 구분은 역사적으로 큰 사건임이 틀림없

다. 이 역사적 큰 사건을 이끈 근대사의 주역이 과학과 철학 분야에서 나타난다. 유럽을 대표하는 17세기의 과학자는 독일의 케플러Johannes Kepler(1571-1630), 이탈리아의 갈릴레이Galileo Galilei(1564-1642), 그리고 영국의 뉴턴Isaac Newton(1643-1727)이다. 조금 앞서 활동한 폴란드의 코페르니쿠스Nicolaus Copernicus(1473-1543)까지 포함시키면 이들이 과학에 끼친 영향과 근대사에 남긴 업적이 무엇인지 우리는 쉽게 알 수 있다.

철학 분야도 마찬가지다. 프랑스의 데카르트René Descartes(1596-1650), 영국의 로크John Locke(1632-1704), 네덜란드의 스피노자Baruch de Spinoza/Benedictus de Spinoza(1632-1677), 그리고 독일의 라이프니츠Gottfried Wilhelm Leibniz(1646-1716)가 모두 17세기에 활동한 철학자다. 이들 네 명의 철학자가 활동한 시기야말로 근대철학의 요람이라 해도 과언이 아니다.

스피노자는 1632년에 태어났지만, 그의 아버지 미카엘미켈, Michaël/Michael/Miguel de Spinoza(1654년 사망)과 삼촌은 1615년부터 1623년 사이 암스테르담으로 이사한 것으로 보인다. 일반적으로 우리는 스피노자를 유대인이라 한다. 하지만 그의 선조는 이베리아반도에 살던 유대인으로 세파르디 Sephardi 유대인이다. 역사적으로 유대인은 몇 차례 자의 반 타의 반으로 이스라엘을 떠나야 했다. 디아스포라διασπορά (흩어짐, 혹은 흩어져 사는 유대인)의 역사는 70년 무렵 로마제국 이 예루살렘의 유대인을 추방하면서 시작된다. 이베리아 세파르디 유대인의 목적지 없는 디아스포라가 1492년부터 1513년 사이에 이루어졌다. 이들 중 일부가 네덜란드의 홀 란트 지역으로 들어가게 된다. 왜냐하면 네덜란드는 유대 인에게 조상의 종교를 지킬 수 있는 기회를 제공했기 때문 이다. 그렇다고 모든 네덜란드 사람이 유대인을 환영한 것 은 아니다. 특히 홀란트 지역의 보수주의자는 당연히 이들 을 추방할 것을 요구하였다. 하지만 국가에서 정한 일이라 홀란트 지역사회도 어쩔 수 없이 이들을 받아들였다. 이렇 게 홀란트로 향한 사람들 중에 에스피노자Espinoza라는 성을 가진 포르투갈계 유대인 가족이 있었다. 스피노자의 이름 은 스페인의 지명인 'Espinoza de res Monteros'에서 유래한 것으로 알려져 있으며 스피노자의 선조는 자신의 성을 de Spinoza, Despinosa 혹은 d'Espinosa로 표기하였다.

홀란트 지역으로 이주한 세파르디 유대인은 야곱의 집 Beth Ya'acov, 평화의 집Neve Shalom, 그리고 이스라엘의 집Beth Israel 이렇게 세 개의 공동체 중 한 곳에 소속되어야 했다. 관례대로 스피노자 집안은 야곱의 집 공동체에 속해 있었고, 아버지 미카엘은 야곱의 집의 대표자 중 한 사람이기도 했다. 얼마 지나지 않아 이 세 공동체는 탈무드 토라Talmud Tora로 바뀌었고, 세파르디 유대인 공동체를 관장하는 기구는 마아마드ma'amad라 했다. 훗날 스피노자가 파문될 때 이 마아마드의 대표자들이 파문에 필요한 내용을 작성하기 위해서 스피노자의 모든 행적을 뒤지게 된다.

1632년 11월 24일 미카엘은 두 번째 부인으로부터 두 번째 아들을 얻는다. 8일 후 스피노자의 부모님은 그의 아들을 유대인 협회에 히브리어로 '축복받은 자'라는 의미의 바뤼흐Baruch de Spinoza라는 이름으로 출생신고를 했다. 하지만 집에서는 벤투Bento라고 불렸다. 벤투도 바뤼흐와 같은 의미의 포르투갈어 이름이다.

스피노자는 다섯 살 때 아버지, 형Isaak, 남동생Gabriel과 함께 세파르디 유대인 공동체의 도서관 에츠 하임Ets Haim에 등

록되어 유명해졌다. 이후 스피노자는 탈무드 토라 학교 학생에게 주어지는 장학금을 받았고, 그곳 랍비와 선생님으로부터 특별 지도도 받았다. 훗날 스피노자는 스스로 탈무드 토라의 중요 인물로 성장한다. 그는 초등학교에 입학하여 탈무드를 비롯한 유대인 율법서를 배우면서 본격적인 교육을 받기 시작했다. 그는 18세 또는 19세에 5학년에서 7학년을 다녔어야 했지만, 학생 명단에 그의 이름이 없는 것으로 보아 월반한 것으로 보인다.

스피노자가 유대인 학교에서 받은 교육은 당시 부유한 유대인이 받는 교육으로 히브리어와 유대교 성경을 배웠다. 배움에 강한 욕구가 있던 스피노자는 학교 교육만으론 만족할 수 없었다. 하지만 당시 네덜란드 법에 따르면 유대인은 관직에 나갈 수가 없었기 때문에 더 이상의 교육은 허락되지 않았다. 유일하게 허락된 교육은 유대인 랍비가 되기 위한 교육뿐이었다. 그러나 스피노자에게는 그것도 허락되지 않았다. 갑작스러운 형의 죽음으로 스피노자에게는 교육보다 아버지 사업을 이어야 하는 것이 더 중요했기 때문이다. 결국 스피노자는 아버지 사업을 잇기 위한 교육도 함께 받을 수밖에 없었다.

2. 철학 연구의 시작과 파문

유대교 교육밖에 받을 수 없었던 스피노자에게 아주 중요한 계기가 찾아온다. 그것은 그의 생애에 있어서 최고의 스승인 판 덴 엔덴Franciscus van den Enden(1602-1674)을 만난 것이다. 판 덴 엔덴은 예수회 출신으로 라틴어 학교의 선생님이었다. 스피노자는 여기서 라틴어를 배우고, 지금까지 경험하지 못했던 철학의 세계로 빠진다. 당시 모든 철학서는 라틴어로 서술되었기 때문이다.

스피노자는 판 덴 엔덴으로부터 라틴어를 배우면서 많은 변화를 갖게 된다. 판 덴 엔덴은 단순한 라틴어 선생님이 아니었고 정치적, 사상적으로 무척 진보적이었으며 민주주의를 신봉하는 자유사상가였다. 스피노자가 그의 저서 『신학 정치론Theologisch-politischer Traktat』을 저술하고 헤이그로 이주한 다음 해인 1671년 판 덴 엔덴은 프랑스로 옮겨 간다. 그곳에서 진보정치를 꿈꾸며 프랑스의 공화주의자와 함께 행동하다가, 결국 루이 14세의 군주정에 반대하던 공화주의자 모임에 가담하여 음모를 꾸민 죄로 처형당하였다.

이런 진보적인 판 덴 엔덴으로부터 진보적인 사상과 철학, 그리고 라틴어를 배운 스피노자는 데카르트와 후기 스콜라철학을 연구하고, 코페르니쿠스, 케플러, 그리고 갈릴레이의 과학 저서를 읽게 된다. 새로운 학문을 연구한 스피노자는 랍비의 길을 버리고 철학 연구에 모든 것을 집중한다. 특히 스피노자는 유대교 율법서를 읽으면서 주석서를 함께 읽기 시작했는데, 그 범위가 점점 넓어져 결국 스페인 출신의 유대교 철학자와 사상가의 저서까지 읽게 되었다.

스피노자가 연구한 대표적인 사상가는 안달루시아 지방과 북아프리카에서 활동한 유대인 철학자이자 법학자인 마이모니데스Moses Maimonides(1135/1138-1204)와 남프랑스에서 활동한 유대인 수학자, 철학자, 천문학자, 탈무드 전문가인 벤 게르손Levi ben Gershon/Gerson(1288-1344)이다. 마이모니데스를 통해 스피노자는 불사는 개인적인 것이 아니라는 것을 알았고, 게르손으로부터는 세계의 영원성을 배웠다.

그 외에도 스피노자는 스페인에서 활동한 유대인 저술가

이븐 에스라Abraham ben Meir ibn Esra/Ezra(1092?-1167?)의 저서를 읽었으며, 역시 스페인 출신 유대인 종교 철학자인 크레스카스Chasdaj Crescas(1340?-1410?)의 저서도 즐겨 읽었다. 특히 크레스카스를 통해 물질 세계는 신의 육신이라는 생각을 하였다. 스피노자의 유대인 철학 연구는 여기서 멈추지 않고 읽지 말아야 할 것까지도 읽었다. 당시 유대교에서 금지한 가비롤Solomon ben Jehuda ibn Gabirol(1021/1022-1070?)의 신비 철학이 그것이다. 바로 여기서 스피노자의 철학 연구에 문제가 생긴다.

스승 판 덴 엔덴으로부터 라틴어를 배우고 유대철학과 유대교 주석서에 심취하여 유대교의 문제점이나 모순점에 빠져 있을 때 안타깝게도 아버지가 사망한다. 22살의 스피노자는 2년 정도 아버지의 뒤를 이어 사업을 하다 1656년 3월 철학 연구를 계속하기 위해서 자신의 회사를 법정관리인에게 맡긴다. 그리고 몇 달 후인 1656년 7월 27일 스피노자에 대한 파문장이 유대인 사회에 포고되었다.

미국 철학자 듀란트Will(iam) James Durant(1885-1981)는 1926년 발표한 그의 저서 『철학 이야기』*The Story of Philosophy. the Lives and*

Opinions of the Greater Philosophers』에서 스피노자의 헤렘herem, 즉 파문excommunication에 대해서 상세하게 적고 있다. 그 내용은 크게 세 가지로 요약하면 다음과 같다.

첫 번째는 파문의 목적, 또는 이유다. 파문장에는 무엇보다 파문의 목적은 스피노자를 잘못된 길에서 구하려는 노력임을 먼저 명시하고 있다. 스피노자는 이단설을 믿고, 다른 사람에게 공공연하게 얘기하고 오히려 널리 알리려 하고 있기 때문에 파문할 수밖에 없으며 저주하고 추방한다는 것이다. 두 번째는 파문에 따른 벌에 해당된다. 스피노자는 밤낮 구별 없이 언제나 저주받을 것이며, 하나님은 그를 용서하지도 말고 인정하지도 말며, 율법서에 기록된 모든 저주의 짐을 스피노자에게 지우고, 하늘 아래 스피노자의 이름을 지워지게 하라고 쓰여 있다. 세 번째는 다른 신자에 대한 경고다. 유대교 신자는 어떤 누구도 스피노자와 글이나 말로 소통하지 말고, 돌보는 것은 물론이고 같은 지붕 밑에서 자지 말고, 4큐빗(약 180cm) 이내로 접근을 해서도 안 되었다. 뿐만 아니라 스피노자의 강연은 절대 들어서 안 되고 글도 읽지 말라고 쓰여 있다.

 이 파문 역시 양면성을 갖고 있다. 유대인 사회는 스피노자를 자신의 종교를 비난하고 교리를 부정했다는 이유로 이단자로 몰아 파문시키고 격리시켰지만, 스피노자의 입장에서 보면 유대인 사회로부터 자유를 얻어 그동안 하지 못했던 철학연구를 마음 놓고 할 수 있는 기회가 주어진 것이다.

 스피노자가 유대인 철학자의 저서인 주석서를 통해 유대인 경전을 부정하고 파문을 당하고 철학자의 길을 걸을 때까지 여러 가지 원인이 있었다. 그중 하나가 아코스타Uriel Acosta(1585-1640) 사건이다. 포르투갈에서 태어나 암스테르담에서 활동한 아코스타는 포르투갈게 유대인으로 종교 철학자, 종교 비평가로 유명하였다. 아코스타가 내세의 신앙에 대해서 신랄하게 비판하는 논문을 발표하자 그는 암스테르담 유대인 교회로부터 강한 압박을 받았다. 결국 아코스타는 논문을 공개적으로 취소하고 사과하였지만, 유대교 성전 입구에 엎드린 그를 교인들이 밟고 지나가는 벌을 받았다. 아코스타는 이 벌을 받고 집으로 돌아와 자신을 박해

한 유대인 단체를 비난하는 글을 남기고 스스로 생을 마감했다.

스피노자에게 이 사건이 어떤 의미가 있었는지 모르겠다. 당시 스피노자는 8살로 초등학교에 입학하여 장학금을 받고 월반을 할 정도로 총명하였고, 탈무드를 비롯한 유대인 율법서를 배우면서 유대인 교육에 몰두하고 있었던 나이이기 때문이다. 하지만 훗날 유대교를 비판하고 파문당한 것을 볼 때 아코스타 사건이 아무런 영향이 없지는 않았을 것이다. 뿐만 아니라 파문을 당하고 스피노자는 자신의 이름을 히브리어 바뤼흐와 같은 의미(축복받은 자)인 라틴어 베네딕투스Benedictus로 바꾸었다.

1660년 스피노자는 암스테르담에서 네덜란드 서쪽의 작은 도시 레인스뷔르흐Rhijnsburg/Rijnsburg로 이주하여 다음 해부터 바로 논문과 저술 작업에 매진한다. 여기서 많은 스피노자의 전기 작가와 철학자는 의문을 갖는다. 실질적으로 스피노자가 논문이든 책이든 무언가를 서술한 것은 레인스뷔르흐로 이주한 다음부터다. 그전에는 어떤 논문도 저술도 발표하지 않았다. 그렇다면 왜 그에게 그렇게 심한 파문이 내려졌는가 하는 것이다. 바로 이런 점에서 스피노자에게 주어진 파문은 학문적인 내용이 아니라 종교적인 내용임을 우리는 알 수 있다. 특히 스피노자는 유대인으로부터 이단이란 말을 많이 들었다. 유대교에서 인정하거나 받아들여야 할 교리를 스피노자는 인정하지 않았다는 의미일 것이다.

많은 전기 작가나 철학자는 스피노자가 천사는 환상에 불과한 존재이고, 신은 육체를 갖고 있을지도 모르며, 영혼은 영원하지 않을 수도 있고, 구약에서는 영생에 관한 내용이 없다는 주장을 했다고 전한다. 이런 전기 작가의 말이 사실이라면 스피노자의 유대 교리에 반한 행동이나 말이 파문의 원인임을 우리는 알 수 있다.

철학적인 관점에서 스피노자의 파문은 새로운 전환점을 갖게 된다. 레인스뷔르흐로 이주한 스피노자는 1661년 그의 첫 번째 저서인 『신, 인간 그리고 인간의 행복에 관한 소고*Kurze Abhanlung von Gott, dem Menschen und seinem Glück*』를 네덜란드어로 저술하고 이어서 같은 해 『윤리학*Ethica*』 집필을 시작한다.

2장
신에 대하여

스피노자의 『윤리학』은 기하학적인 방법으로 서술되었기 때문에 처음 내용을 접하는 사람은 우선 당황하게 된다. 정의Definition, 공리Grundsatz, 정리Lehrsatz, 그리고 증명Beweis과 같은 수학적이면서도 기하학적인 용어들이 등장하기 때문에 수학책인지 철학책인지 구별하기 쉽지 않다.

스피노자도 지금까지의 철학 저서와는 전혀 다른 방법으로 저술된 『윤리학』이 독자에게 생소하다는 것을 모를 리가 없었다. 그럼에도 불구하고 이런 방법을 택한 이유는 과학이 발달한 당시 상황을 스피노자가 잘 반영했기 때문이다. 데카르트 이후 수학은 어려운 철학을 설명하는 하나의 수단으로, 철학을 보다 쉽게 설명하는 방법으로 사용되었다. 스피노자의 생각이야 어쨌든 그의 『윤리학』을 접한 많은 사람은 스피노자 철학을 오히려 더 어렵다고 느낀다.

하지만 스피노자의 『윤리학』을 기하학이나 수학적인 방법을 다 버리고 읽으면 아무런 문제가 없을 것이다. 그러기 위해서 먼저 해결해야 하는 것은 정의, 공리, 그리고 정리에 대한 스피노자의 생각이다. 우리는 무엇을 정의할 때 여러 가지 방법을 사용한다. 그중에서도 ' x는 y다'와 같은 직접적인 방법이 있는가 하면, '만약 x가 z이고 y가 z라면, x는 y다'와 같이 간접적인 정의 방법도 있다. 전자의 경우, 정의하고자 하는 것의 원인이 정확하고 분명하여 다르게 정의할 수 없는 경우다. 그러나 후자는 정의하고자 하는 것의 원인이 분명하지 않아 가정이 필요한 경우다. 스피노자의 『윤리학』에서 정의는 직접적인 방법이 대부분이기 때문에 수학적인 정의라기보다는 있는 그대로 읽어도 무방하다.

공리의 경우는 더 분명하다. 수학에서도 공리는 증명하지 않는다. 있는 그대로 받아들이는 것이 공리다. 마찬가지로 스피노자에서 공리란 더 이상의 증명이 필요 없다. 결국 『윤리학』에서 정의와 공리는 기하학적인 방법이나 수학적인 방법을 다 배제하고 있는 그대로 읽어도 상관없다. 그런데 정리는 조금 다르다. 『윤리학』에서 가장 많은 것이 정리다. 분명한 것은 스피노자는 정리를 통해 자신이 하고 싶은 결론을 설명하고 있다는 점이다. 이런 관점에서 본다면 스피노자는 정의와 공리를 통해 자신이 주장하고자 하는 개념을 설명하고 정리를 이용하여 철학적인 결론을 내리고 있다. 물론 이 증명으로 명확한 진실이 밝혀지지 않을 경우, 주석Anmerkung을 통해 추가적인 설명을 한다. 사실 수학적인 증명 방법에 주석은 없다. 하지만 스피노자는 추가적인 설명을 위해 주석을 사용하고 있다. 수학과 철학의 접목을 우리는 여기서 볼 수 있는 것이다.

1. 1부의 〈정의〉와 〈공리〉

스피노자가 『윤리학』에서 수학적인 용어를 통해 증명하고자 했던 것은 '실체Substanz', '신Gott', '자연Natur' 등과 같은 개념임을 우리는 잘 알고 있다. 즉 스피노자는 이런 개념을 정의와 공리를 통해 분명하고 정확하게 설명한 다음, 정리를 통해 자신이 원하는 결론을 이끌어 내고 있다. 그 방법이 수학적이고 기하학적이라 어려워 보일지 모르지만, 그 내용은 분명하다.

스피노자의 『윤리학』 1부 「신에 대하여」는 8가지 〈정의〉와 7가지 〈공리〉 그리고 36가지 〈정리〉로 나누어져 있다. 그런데 이 1부의 내용과 스피노자가 직접 붙인 제목 「신에 대하여」에는 많은 논란이 있다. 우리가 잘 알고 있는 것처럼 스피노자는 1부에서 신과 자연은 하나이며 동일하다는 것을 주장하고 있다. 하지만 1부 정의에서는 〈정의 6〉에서만 신에 대한 얘기가 나올 뿐 그 어디에도 신에 대한 정의나 신에 관한 주장은 없다.

뿐만 아니라 처음 11개 〈정리〉까지 신에 관한 주장보다는 실체에 관한 주장만 하고 있다. 바로 이런 관점에서 신과 자연의 동일성을 주장한 스피노자를 두고 어떤 사람은 유신론적이라고 하고 또 어떤 사람은 무신론적인 생각을 우회적으로 표시했다고도 한다. 그 외에도 1부에서는 다양한 소제목을 붙일 수 있을 정도로 주제가 다양하다. 일반적으로 다음과 같이 6부분으로 나누어 1부가 설명되고 있다. '실체로서 신', '필연적으로 존재하는 신', '신의 본성에서 생긴 무한한 실재', '모든 실재의 원인으로서의 신', '생산하는 자연과 생산된 자연', 그리고 '결정론적 세계관' 이렇게 6가지다.

오늘날 우리가 1부를 어떤 소제목을 붙여 설명하든 스피노자는 1부에서 신에 관한 주장을 하려 했고, 그 신을 설명하기 위해 〈정의〉와 〈공리〉를 정했다. 먼저 〈정의〉 8가지를 보면 다음과 같이 압축하여 설명할 수 있다.

정의:

• 실체란 다른 것에 전혀 의존하지 않는 '자기원인 Ursache seiner selbst'이다. 자기원인의 본질이 존재를 포함하거나 자기원인의 본질이 존재일 경우, 우리는 그것을 자기원인이라고 한다.

- 실체는 자신에 의해서 생각되며, 실체를 설명하기 위해서 다른 개념을 사용할 필요도 없다. 그러므로 자기원인으로서 실체는 자유롭고 필연적이며 영원한 존재다. 그러나 이 실체의 반대개념인 '양태 Modus'는 다르다.
- 양태는 실체와 다르게 자기원인에 의해 자유롭거나 필연적으로 존재하는 것이 아니라 다른 것에 의해서 제약을 받는 모든 것이다. 이 양태는 유한하며 사고 또한 자유롭지 못하고 다른 사고에 제약을 받기 때문에 한정되어 있다.

모든 수학적 증명 방법이나 정리가 그러하듯이 스피노자도 실체에 대한 이 정의는 다음과 같은 공리를 전제로 가능하다고 주장한다. 1부의 7가지 〈공리〉를 줄여 설명하면 다음과 같다.

공리:

- 존재하는 모든 것은 자신에 의해서 존재하든지 아니면 다른 것에 의해서 존재한다. 그러므로 존재하는 것은 다른 것에 의해서 혹은 자신에 의해서 파악된다.

- 모든 결과는 필연적으로 원인을 갖기 때문에 원인이 없다면 결과는 당연히 없다.

- 뿐만 아니라 존재와 존재 사이에 공통적인 것이 아무것도 없다면 이들 존재는 서로 인식되지 않는다.

스피노자가 1부에서 신에 대한 설명을 하면서 가장 먼저 다룬 것은 실체에 관한 것이다. 그렇다면 먼저 실체가 무엇인지 알아야 신이 무엇인지도 알 수 있을 것이다.

2. 실체로서 신

스피노자에게 있어서 〈정의〉와 〈공리〉는 전제고, 〈정리〉란 곧 철학적 결론이다. 스피노자는 〈정의〉에서 신이란 유일하고 무한하며 필연적으로 존재하는 자기원인으로서 실체라고 했다. 이를 증명하기 위해서 스피노자는 1부 〈정리 14〉까지 이어간다. 하지만 신에 관한 개념은 〈정리 11〉에서 처음 나온다. 그전까지는 실체에 관한 〈정리〉다.

이것이 바로 실체의 속성이다. 그렇다면 여러 사물은 어떻게 구별되는가? 실체의 여러 가지 속성이나 모습이 바뀌어 서로 다른 두 가지 이상의 사물이 나타난다. 이런 실체의 변화가 바로 변용-Affektion이다. 여러 사물은 바로 이 변용에 의해서 구별된다. 존재하는 모든 사물은 자신 안에, 혹은 다른 것 안에서 존재한다. 그러나 지성만은 예외다. 즉지성을 제외한다면, 실체와 변용 이외에는 아무것도 존재하지 않으며, 실체의 속성이나 변용 이외에 다른 여러 사물을 서로 구별할 수 있는 어떤 기준도 존재하지 않는다.

일반적으로 신은 무한하고 필연적이며 원인이 없고 분

할 불가능하다고 정의된다. 그렇다면 실체도 이런 신의 정의를 갖고 있어야 한다. 이를 위해 스피노자는 같은 속성을 가진 두 가지 이상의 실체는 없으며, 자연 안에서 같은 본성이나 속성을 가진 둘 이상의 실체는 존재하지 않는다고 주장한다. 만약 여러 다른 실체가 존재한다면, 그것은 당연히 속성이나 변용의 차이에 의해서 구별될 수밖에 없다. 그러나 실체가 변용이 아닌 속성의 차이에 의해서 구별된다면 같은 속성을 가지는 실체는 하나뿐이라는 사실을 인정하는 것이다. 그러므로 같은 속성을 가진 실체는 하나뿐이다.

이어서 스피노자는 실체의 무한성을 설명한다. 신이 무한하다면 실체도 무한해야 하기 때문이다. 하지만 여기서 스피노자가 무한성을 설명하는 것은 실체의 무한성 외에 필연성을 설명하기 위한 목적도 함께 갖고 있다. 즉 스피노자는 먼저 실체의 필연성을 설명한 다음 무한성을 설명한다.

자연 안에서는 실체와 실체의 변용만 존재하고, 실체는 다른 실체에서 나오지 않기 때문에 인과 관계에 따른 실체가 생산될 수 없다. 그러므로 실체는 자기원인을 갖는다.

그러나 자연 안에 실체가 존재하기 때문에 실체의 본질에 존재를 포함하는 것은 필연적이다. 실체가 자기원인을 인식하기 위해서 다른 사물이나 실재의 인식을 필요로 하지 않기 때문이다. 바로 여기서 실체의 필연성이 나온다. 즉 실체의 본질에 존재가 포함되어 있는 것은 필연적이다.

실체는 하나뿐이고, 실체의 본질은 존재를 포함하는 것이 필연적이기 때문에, 실체는 본성적으로 유한하거나 무한한 존재다. 만약 실체가 본성적으로 유한하면 동일한 본성을 가진 다른 실체에 의해서 제한을 받기 때문에 실체는 결코 유한할 수 없다. 여기서 실체의 본성 중 하나인 무한성이 나온다.

이렇게 실체의 본성은 신의 본성과 같기 때문에 자연 안에는 하나의 실체만으로 족하다. 문제는 자연 안에 존재하는 하나뿐인 실체와 실체에서 생산된 실체의 여러 변용을 어떻게 구별하느냐는 것이다. 이 문제는 인간이든 신이든 실체에 대한 다음 세 가지 의문만 버리면 해결된다. 첫째, 최초의 실체가 자연 안에서 어떻게 생산되었는가. 둘째, 실체에서 생산된 최초의 자연물이 있다면 최초의 실체도 있어야 하지 않는가. 마지막으로 실체에서 생산된 사물이 왜 존재하는가. 사람들은 이에 대한 정확하고 참된 원인을 모른다. 이런 이유 때문에 나무가 사람처럼 말한다고 상상하거나, 인간이 돌이나 씨앗에서 생겨났다고 믿으며, 어떤 형상이 변하여 다른 형상이 되었다고 믿기도 한다.

스피노자는 더더욱 신의 본성과 인간의 본성을 구별하지 못하거나, 정서가 어떻게 정신 안에 생기는지 모르는 사람에 대해서 경고한다. 이 둘을 구별하지 못하는 사람은 인간의 정서를 신의 정서에 부여하여 실체에서 생산된 모든 자연물을 인간의 기준에 따라 생각한다. 인간은 자기 안에 존재하는 것과 자신에 의해서 파악된 것을 바탕으로 다른 것의 존재를 파악하고 인식하려 하기 때문이다. 하지만 실체는 그렇지 않다. 이런 측면에서 '실체의 본성에는 존재가 속한다'는 〈정리 7〉은 모든 인간에게 공리로 타당하며 진리가 된다.

바로 여기서 우리는 하나의 실체만 존재한다는 것을 알수 있다. 실체란 자기 안에 존재하는 것이며, 자기 자신에 의해서만 파악되는 것이다. 그리고 이렇게 실체가 자기 안의 존재라거나 자기 자신에 의해서 파악된다는 사실을 인식할 때 다른 존재의 인식은 필요로 하지 않는다. 그리고 이 하나의 실체에 모든 속성과 본성이 포함되어 있다. 그리고 모든 속성과 본성이 포함된 하나의 실체는 무한하다. 이 실체의 무한성은 유한한 자연물 속에 '수없이 많이 들어 있음'과 같은 상대적 무한성이 아니라, 자연물을 뛰어넘는 그야말로 절대적 무한성이다.

실체가 속성을 갖기 때문에 실체에서 생산된 모든 존재는 속성을 갖는다. 그러나 실체와 실체에서 나온 존재가 구별되려면 속성이 달라야 한다. 존재의 속성 중 첫 번째는 시간과 공간 속에 연장延長, Ausdehnung을 갖는다는 것이다. 두 번째는 모든 존재에 적용될지는 모르지만, 생각이라는 사유의 속성을 갖는다는 것이다. 모든 자연물은 각각 다른 속성을 갖고 있다. 그렇기 때문에 자연물은 속성으로 인식될 때, 가장 분명하고 명확하다. 실체가 필연성, 영원성, 무한성 등의 속성으로 파악되듯 실체에서 나온 존재도 또한 속성으로 파악될 때 가장 분명한 실체의 변용임을 알 수 있다.

스피노자는 무한성과 필연성을 〈정리〉로 설명하지만, 영원성은 〈정의〉에서만 다루고 있다. 이렇게 무한성, 영원성, 그리고 필연성이 실체의 속성임이 밝혀졌다. 그리고 이런 영원하고 필연적이며 무한한 속성을 가진 존재는 사물의 자연 안에서 하나만 존재하고 있다. 바로 이 존재가 실체다. 이 실체는 자연 안에서 하나만 있기 때문에 이 실체의 속성을 파악할 수 있는 것도 실체뿐이다. 바로 이런 관점에서 실체의 각 속성은 그 자체를 통해서만 파악된다.

3. 필연적으로 존재하는 신

스피노자는 1부 〈정리 1〉부터 〈정리 14〉까지 실체를 영원하며 필연적이고 무한한 존재라고 정의한다. 그리고 〈정리 11〉에서 처음으로 신에 대한 정의를 내린다. 즉 스피노자는 영원하고도 무한한 본질로 표현되고, 무한한 속성으로 이루어져 있는 실체는 필연적으로 존재하며, 이 실체는 곧 신이라고 주장한다. 그러므로 신 또한 실체처럼 영원하고도 무한한 본질을 표현하는 무한한 속성으로 이루어져 있다.

스피노자가 실체를 설명한 내용을, 스피노자를 연구하는 철학자는 스피노자의 '신존재증명Gottesbeweise'이라고 설명하고 있다. 그리고 그 신존재증명 방법은 모두 세 가지다.

첫 번째 방법은 인과설로 〈정리 3〉과 관계가 있다. 사물들 사이에 공통점이 없다면 하나가 다른 하나의 원인이 될 수 없다는 스피노자의 생각을 인과설로 설명하면, 하나의 사물이 존재하는 것은 다른 사물의 원인에 의한 결과라는 의미가 된다. 이 인과설을 역으로 거슬러 올라가면 최초의 원인은 어떤 것의 결과가 아닌 원인 그 자체이다. 그리고 이 최초의 원인은 곧 필연적으로 신이 되는 것이다.

두 번째 방법은 실체의 본성이 존재를 갖는다는 〈정리 7〉에서 찾는다. 스피노자는 실체를 설명하고 있지만, 이 실체가 곧 신임을 우리는 잘 알고 있다. 즉 신이 모든 것을 창조하듯 이 실체에서 모든 것이 나온다.

그리고 세 번째 신존재증명은 바로 〈정리 11〉에서 이루어지는데, 근거나 원인을 활용하는 방법이다. 스피노자는 신 혹은 영원하고도 무한한 속성을 가진 실체가 필연적으로 존재하며, 만약 이를 부정하면 신은 존재하지 않는다고 주장한다. '신 혹은 실체'라는 표현은 '신'과 '영원하고 무한한 속성을 가진 실체'가 같음을 의미한다. 왜냐하면 스피노자의 '혹은oder'이라는 단어를 우리는 결코 '혹은'으로 보지 않고 '같음'으로 보기 때문이다.

모든 사물이 존재하거나 존재하지 않는 데에는 근거가 있다. 그리고 이 근거는 사물의 본성 안에 있다. 스피노자의 '사각의 원'을 예로 보자. 존재의 유무는 본성에 있다고 했다. 사각형과 원의 본성은 존재하지만 '사각의 원'이 갖는 본성은 없기 때문에 '사각의 원'은 곧 모순이다. 이 모순은 존재가 존재하지 못하게 방해하는 것과 같다. 즉 사각의 원의 본성이 사각의 원을 존재하지 못하게 방해한다. 이와 마찬가지로 실체가 존재하는 것도 그 근거는 실체의 본성에 있어야 한다. 실체의 본성은 존재를 갖고 있다.

여기서 신의 문제를 대비시켜 보자. 신이 존재하거나 하지 않는 것에도 어떤 근거가 필요하다. 신이 존재하는 것을 방해하는 어떤 근거가 없다면 필연적으로 신은 존재해야 한다. 그러나 만약 신이 필연적으로 존재해야 할 근거가 없다면 신의 본성 자체에 그것이 있거나, 다른 실체에 신이 존재하는 근거가 주어져야 한다. 하지만 신의 본성과 다른 본성을 가진 실체는 신과 그 어떠한 공통점도 없기 때문에 신의 존재를 정립한다거나 배제할 수 없다. 이렇게 신의 존재를 배제하는 근거를 신의 본성 이외에 다른 실체의 본성에서 찾는 것은 불가능하다. 따라서 신의 존재를 배제하는 어떤 근거를 신의 안에서도 밖에서도 찾을 수 없다. 그렇기 때문에 신은 필연적으로 존재한다. 이것이 스피노자의 세 번째 신에 대한 존재증명이다.

이상 세 가지 신존재증명 방법은 스피노자의 생각이 아니라 그를 연구하는 철학자의 주장일 뿐이다. 하지만 전혀 신빙성이 없는 것은 아니다. 그들의 주장이 무엇이든 스피노자는 신 혹은 실체의 무한성, 영원성, 그리고 필연성을 설명한 다음, 〈정리12〉와 〈정리 13〉에서 무분할성無分割性을 실체의 속성에 포함시킨다. 그리고 이 무분할성 때문에 신 혹은 실체는 자연 안에서 유일한 존재일 수밖에 없다.

실체가 분할된다고 가정해 보자. 분할된 실체는 실체의 본성을 유지할 수도 있고, 유지하지 못할 수도 있다. 실체의 본성이 유지된다면 분할된 실체는 무한히 많아져 같은 본성을 가진 여러 실체가 존재하게 될 것이다. 뿐만 아니라 하나가 여럿으로 나누어지면, 본래의 하나는 본성이나 속성을 유지하겠지만, 나누어진 부분은 이미 다른 실체가 되었으므로 본래의 하나와는 어떤 공통점도 갖지 못할 것이다. 그렇기 때문에 만약 실체가 분할된다면, 실체의 본성은 유지될 수 없다.

마찬가지로 분할된 실체가 실체의 본성을 유지하지 못할 경우, 분할된 실체 모두는 같은 부분으로 나누어져 실체의 본성을 상실하고 만다. 이렇게 실체의 본성을 상실한 실체는 더 이상 존재할 수 없다. 즉 절대적으로 무한한 실체는 더 이상 존재하지 않는 것이다. 그래서 분할된 실체의 본성은 결코 그 본성을 유지하지 못한다. 이 두 가지 경우 모두에서 보여 주듯이 절대적으로 무한한 실체는 분할되지 않음을 알 수 있다.

이상에서 우리는 절대적으로 무한한 실체가 있다는 것과 이 실체는 영원하며 분할될 수 없다는 것을 확인했다. 그리고 이 실체는 필연적으로 존재하고 있으며, 이 실체는 신과 같은 것이다.

스피노자는 이렇게 파악된 신으로서의 실체를 자연 안에 유일한 실체라고 주장한다. 신 이외에 어떠한 실체도 존재할 수 없고 파악될 수 없다. 이상에서 우리는 다음과 같이 두 가지를 알 수 있다. 첫째, 자연 안에는 오직 하나의 신 혹은 실체만 존재하며, 그것은 무한하고 절대적이다. 둘째, 연장된 사물ausgedehntes Ding과 사유하는 사물denkendes Ding은 신의 속성이거나 아니면 신의 속성에서 변용된 것이다.

신으로서의 실체에서는 모든 사물이 나오거나 변용되기 때문에 존재하는 모든 사물은 신 안에 있다. 따라서 신이 없다면 어떤 사물도 존재할 수 없다. 스피노자가 〈정리 15〉에서 주장한 내용이 바로 이것이다. 신 이외에는 어떤 실체도 존재하지 않고 〈정의 3〉에서 주장한 것처럼 신 이외에는 자신 안에 있으면서 자신에 의하여 파악되는 어떤 것도 없다. 양태도 마찬가지다. 〈정의 5〉에서 양태는 오직 신성한 본성 안에서만 존재하고 파악된다고 했다. 그러므로 신이 없다면 어떤 것도 존재할 수 없고 파악할 수 없게 된다.

그렇다면 신은 어떤 모습일까? 인간은 자신의 모습에서 신을 유추한다. 그래서 신도 인간과 같이 육체와 정신으로 이루어져 있다고 우리는 믿는다. 하지만 스피노자는 신에게 육체적인 부분은 없다고 한다. 육체적인 것은 시간과 공간 속에서 존재하는 물질적인 연장이다. 하지만 절대적으로 무한한 존재인 신에게 연장을 적용시킬 수 없다는 것이 스피노자의 주장이다. 물질적인 연장 자체가 신에 의해서 창조되었기 때문이다. 실체가 다른 것에서부터 나오거나 생산된 것이 아니라서 신에게 육체적인 것은 존재하지 않는다.

신 혹은 실체에서 연장을 가진 육체적인 모든 사물이 변용되어 나오기 때문에 신이 없다면 어떤 것도 존재할 수도 없으며 파악되지도 않는다. 사물의 양태나 변용은 그것을 변용시키는 실체 안에 있어야 하며, 실체를 통해서 인식될 수밖에 없다. 그러므로 자연 안에 존재하는 모든 것은 실체이거나 실체에서 변용된 양태이어야 한다. 하지만 스피노자는 신이야말로 유일한 실체라고 했다. 결국 스피노자의 관점에 따르면 자연 안에 존재하는 모든 것은 실체에서 변용된 양태라는 결론이 나온다.

4. 신의 본성에서 생긴 무한한 실재

「신에 대하여」세 번째 주제인 무한한 실재Ding에 관한 내
용은 〈정리 15〉부터 〈정리 17〉까지다. 〈정리 15〉에서 스피
노자는 '존재하는 모든 것은 신 안에 있다'는 설명으로 무
한한 실재를 주장한다. 존재하는 모든 것이 신 안에 있다는
것은 자연 안의 모든 물질적인 것은 실체의 변용에 따른 양
태가 신으로부터 나온다는 것을 뜻한다. 스피노자에 있어
서 신은 곧 실체이기에 무한한 실재는 신과 변용 혹은 양태
의 문제가 된다.

자연 안에서는 무한히unendlich 많은 실재가 있다. 이 무한
한 실재는 실체의 변용에 따른 양태다. 이때 방법의 문제가
생긴다. 신 혹은 실체의 본성 중 필연성에 따라 무한한 실
재는 무한한 방법에 의해서 생성된다. 이 필연성은 인과성
에 근거를 두고 있다. 신 혹은 실체의 본성인 인과성에 따
라 무한한 실재는 무한한 방법으로 필연적으로 생산되는
것이다. 즉 실재가 존재하려면 신 혹은 실체의 본성 중 필
연성이라는 원인이 없으면 안 된다.

스피노자는 무한한 방법Weise을 지성으로 보고 있다. 즉 무한히 많은 실재는 무한한 지성Verstand으로 신의 본성인 필연성에서 나온다. 지성은 신의 본성에서 나왔기 때문에 무수히 많은 실재의 특징이나 성질을 파악할 수 있다. 이렇게 파악된 실재의 특징이나 성질에 따라 실재가 정의된다.

스피노자는 〈정리 16〉 보충에서 신을 다음과 같이 세 가지로 정의하고 있다.

첫째, 신은 무한한 지성으로 파악되는 모든 '실재의 작용인 作用因, wirkende Ursache'이다. 스피노자에 있어서 작용인은 어떤 결과를 낳은 원인을 뜻한다. 아리스토텔레스Aristoteles(BC 384-322)를 비롯한 많은 철학자는 여러 가지 인과론을 주장하지만 스피노자에게 인과론은 바로 이 작용인 하나뿐이다. 그렇기 때문에 스피노자에게 인과론은 곧 작용인이며, 작용인은 곧 인과론이라고 할 수 있다.

둘째, 신은 '자신에 의한 원인Ursache durch sich'이다. 신은 결코 '우연에 의한 원인durch ein Akzidens'이 될 수 없다. 실재의 작용인이고 자신에 의한 원인인 신이다.

셋째, 신이 결과가 아니라 모든 실재의 원인이기 때문에 신은 절대적으로 '제1원인erste Ursache'일 수밖에 없다.

실재의 작용인이며 세계의 제1원인인 신이 없다면 어떤 것도 있을 수 없으며, 파악될 수도 없다. 그렇기 때문에 모든 실재는 신 안에 존재한다. 그래서 신만이 자신의 본성이 갖는 법칙에 따라 자신의 활동을 결정하거나 강제할 수 있다. 그리고 신의 본성은 완전성에 있다. 완전한 신에게 영향을 줄 어떤 원인도 신의 외부에는 없다. 신을 내부에서든 외부에서든 작용시키려면 본성의 완전성이 아니고서는 불가능하다. 이렇게 신의 본성인 완전성에 따라 신의 내부와 외부가 작용하는 것은 필연적이다. 결국 신은 필연성에 의해서 움직이기 때문에 신만이 '자유 원인freie Ursache'이다.

자유 원인이란 실재의 생성을 자유롭게 만들 수 있는 것이라고 우리는 믿는다. 그래서 우리는 신의 본성에 따라 수없이 많은 실재가 생성되기도 하고 그렇지 않기도 하다고 생각한다. 그러나 스피노자는 그렇게 보지 않는다. 스피노자의 예를 보자. 삼각형의 내각의 합은 180°다. 과연 신은 자유 원인으로 삼각형의 본질인 이 내각의 합을 다르게 할 수 있을까? 스피노자는 그렇게 보지 않는다. 신이 아무리 자유 원인을 갖는다고 해서 삼각형의 본성에서 내각의 합을 180°보다 크거나 작게 할 수 없다. 마찬가지로 어떤 원인이 주어진다면, 그에 맞는 결과가 나타나야지 결과가 생기지 않게 할 수는 없다.

이렇게 신은 자신의 어떤 절대 의지에 따라 창조하고자 하는 것만 창조한 것이 아니라, 자유 원인에 따라 자신의 지성 안에 있는 모든 것을 실재로 창조하였다. 이는 삼각형의 예에서 본 것처럼 신의 무한한 본성에 따라 무한한 것이 무한한 방법으로 필연적으로 도출된 것과 같다. 바로 이런 관점에서 스피노자는 신의 전능함을 부정해서는 안 된다고 주장한다. 신이 전능하다면 모든 것은 완전하게 창조되어야 한다. 하지만 이 세상에는 모든 것이 완벽하게 창조되지 않았다.

뿐만 아니라 우리는 실재의 현실성과 가능성에 대해서도 의문을 제기한다. 스피노자는, 신은 실질적으로 수없이 많은 창조의 가능성을 인식하고 있지만 창조를 현실화시킬 수는 없다고 주장한다. 신은 자신의 의지에 따라 끊임없이 무엇인가 창조해야 하는 존재다. 만약 모든 가능성까지 다 창조해 버리면 더 이상 신은 완전한 존재가 될 수 없다. 신은 스스로 완전성을 확립해야 하기 때문에 가능성은 남기고 현실적인 것만 창조하는 것이다.

스피노자는 이렇게 신이 자신의 영원한 본질인 지성과 의지로 실재를 창조한다고 주장한다. 하지만 우리는 인간의 관점에서 지성과 의지를 이해하고 설명하려 한다. 신의 본질인 지성과 의지, 그리고 인간이 이해하는 지성과 의지 사이에는 엄청난 차이가 있다. 스피노자는 이 차이를 별자리로서의 '개'와 반려동물로서의 '개'를 비교하여 설명하고 있다. 둘 사이에는 '개'라는 이름만 빼면 공통점이 아무것도 없다. 인간의 지성은 신의 지성에서 생성되거나 창조된 실재를 파악하거나 인식하는 것에 불과하다. 하지만 신의 본질로 신의 지성은 인간이 갖고 있는 지성의 본질임과 동시에 실재의 원인이다. 그렇기 때문에 신과 인간 사이의 지성은 이름만 같을 뿐 같은 것은 아무것도 없다.

5. 모든 실재의 원인으로서 신

『윤리학』 1부 「신에 대하여」의 네 번째 주제는 모든 실재의 원인은 신에게 있다는 것으로, 〈정리 18〉부터 〈정리 28〉까지다. 스피노자는 존재하는 모든 것은 신 안에 있으며, 신 이외에는 어떤 실체도 존재할 수 없다고 했다. 여기서 우리는 신은 자연 안에 존재하는 모든 것의 내재적 원인이지 초월적 원인이 아니라는 결론을 얻는다. 스피노자의 이 주장은 신 혹은 실체가 모든 실재의 원인이라는 것을 의미한다. 이 주장에 신의 영원성을 포함시키면 다음과 같이 두 가지 결론을 얻을 수 있다. 하나는 신의 존재는 신의 본질과 마찬가지로 영원하며, 다른 하나는 신의 모든 속성은 절대로 바뀌지 않는다는 것이다.

신으로부터 실재가 생산된다는 것은 곧 모든 실재의 원인 혹은 만물의 원인이 신이라는 의미다. 이는 곧 실체로서 신은 만물이 존재하기 시작하는 원인이면서 만물이 존재로 머무는 것에 대한 원인이기도 하다. 이를 아리스토텔레스의 운동인運動因 관점에서 보면 만물의 원인인 실체 혹은 신은 결국 각각의 사물이 존재하는 운동의 원인이기도 하지만 각각의 사물이 갖고 있는 본질의 운동인이기도 하다. 그러므로 각각의 사물은 어떤 작용을 할 수밖에 없다. 이렇게 각각의 사물이 작용하는 이유도 신에 의해서 필연적으로 어떤 작용을 하도록 결정되어 있기 때문이다. 이렇게 신에 의해서 어떤 작용을 할 수밖에 없는 것으로 결정된 각각의 사물은 자시 자신이 결정되도록 스스로 할 수 있는 것은 아무것도 없다.

실체가 각 실재의 원인이라는 인과론으로 본다면 실체에 의해서 생산된 첫 번째 결과인 어떤 사물이 다시 원인이 되어 두 번째 결과물이 생산된다. 하지만 이런 연쇄적인 인과 법칙에 대해서 스피노자는 부정적인 입장이다. 스피노자는 두 가지 이유로 설명하고 있다.

첫 번째 이유는 신의 직접적인 생산이다. 모든 실재는 신의 절대적 본성에서 필연적으로 생겨나기 때문에 신이 없다면 어떤 실재도 존재할 수 없다. 신 혹은 실체를 매개로 모든 실재가 생산된다. 그러므로 실체 혹은 신은 직접 산출한 만물의 원인이다. 바로 여기서 스피노자는 연쇄적인 인과법칙을 거부한다. 실체 혹은 신은 사물의 원인이기 때문에 다른 것의 원인이 될 수 없다.

두 번째 이유는 실재와 실체의 구별이다. 일반적으로 실재가 신으로부터 생산되었지만 연쇄적인 인과법칙으로 해석한다. 그래서 신과 실재는 가까이 있는 원인으로 보지 않고 멀리 떨어져 있는 원인으로 파악된다. 하지만 멀리 떨어진 원인이란 우리가 그렇게 이해하고 있을 뿐이다. 모든 실재는 신 안에 있으며, 어떤 실재도 신이 없이는 존재할 수도 없고 파악되지도 않기 때문이다.

그렇다면 왜 우리는 신 혹은 실체와 실재의 관계를 가까운 원인으로 보지 않고 멀리 떨어진 원인으로 파악하고 연쇄적 인과법칙을 적용할까? 신의 절대적 본성에서 생기는 모든 것은 신과 마찬가지로 무한하고 영원하다. 그러나 신의 속성이 변용에 의해서 어떤 양태로 바뀌면 조금 다른 일이 생긴다. 신의 속성이 변해 생산된 양태에도 신의 속성이 들어 있긴 하다. 그러나 이 양태는 신의 절대적 속성 혹은 본질이 변한 것은 분명하다. 그리고 신의 속성인 무한성과 영원성이 변용되어 어떤 양태가 생산되었다면, 비록 그것이 신의 절대적 본성이라 할지라도 신의 본성과 같은 것은 결코 아니다. 이렇게 신의 본성이 변해서 생긴 어떤 양태의 본성은 신의 본성인 무한성과 영원성을 갖지 못한다. 우리는 이런 유한하고 영원하지 않는 양태의 본성을 하나의 원인으로 생각하고 또 다른 양태가 산출된다고 본다. 이렇게 우리는 만물로서 실재를 연쇄적 인과법칙으로 보고, 신과 실재의 관계를 가까운 원인으로 보지 않고 멀리 떨어진 원인으로 파악하는 것이다.

6. 생산하는 자연과 생산된 자연

실체 혹은 신의 본성에서 실재가 나온다는 스피노자의 이 주장은 다음 주제인 능산적 자연能産的自然, natura naturans(생산하는 자연)과 소산적 자연所産的自然, natura naturata(생산된 자연)으로 이어진다. 능산적 자연과 소산적 자연을 논함에 있어서 가장 주요한 것은 자연과 신의 동일성이다. 하지만 스피노자는 지금까지 모든 존재는 신 안에 있다거나 신 없이는 어떤 것도 파악할 수 없다는 주장만 했다. 이런 주장만으로 신과 자연을 동일시하기에는 부족한 부분이 있다.

스피노자는 〈정리 29〉에서 자연을 능동성과 수동성으로 나누어 설명함으로써 우리가 찾던 답을 보여 주고 있다. 자연 안에 존재하는 모든 실재의 본성에 신적 본성이 필연적으로 주어지기 때문에 실재는 신의 본성에 따라 존재하고 작용한다. 실재의 본성은 우연적이지 않고 필연적이므로 조금이나마 신적 본성을 갖고 있는 양태는 당연히 필연적이다. 이것을 스피노자는 신의 능동성이라 본다.

바로 이 점에서 스피노자는 능산적 자연과 소산적 자연을 구별한다. 능산적 자연은 그 자신 안에 존재하며 자신에 의해서만 파악된다. 이는 실체의 본성과 같다. 실체는 영원하며 무한하고, 자신 안에 존재하며, 자신에 의해서만 파악되는 본성을 갖고 있기 때문이다. 이런 본성을 가진 실체는 자유로운 원인도 갖고 있다. 신도 실체와 마찬가지기 때문에 능산적 자연은 자유로운 원인을 가진 신이다. 이와 같은 측면에서 스피노자는 신과 자연을 동일시하고 있다.

능산적 자연과 다르게 소산적 자연은 신의 본성이나 신의 각 속성으로부터 필연적으로 생산되는 모든 것을 뜻한다. 그렇기 때문에 생산된 자연은 신 안에 존재하고, 신 없이는 존재할 수도 생각될 수도 없다. 이런 존재는 신의 속성에 의해서 산출된 모든 양태로서 실재를 뜻한다.

스피노자가 신과 자연을 동일시했지만 여전히 인과성의 문제는 남아 있다. 신의 본성에서 실재가 생산된다는 것은 마치 능산적 자연과 소산적 자연 사이에 인과론적인 내용이 포함되어 있는 것처럼 보이기 때문이다. 그래서 능산적 자연은 신 혹은 실체로, 소산적 자연은 존재나 실재로 파악된다. 이런 인과론의 관점에서 본다면 신과 자연의 동일성은 존재하지 않는다.

이 점을 보다 구체적으로 설명하기 위해서 우리는 〈정리 29〉를 끌어 와야 한다. 스피노자는 여기서 능산적 자연을 다음과 같이 설명하고 있다.

첫째, 자신 안에 존재한다.
둘째, 자신에 의해서 파악된다.
셋째, 영원성과 무한성을 가진 실체의 속성이다.
넷째, 자유로운 원인을 갖고 있다.

이상의 네 가지 속성을 가진 능산적 자연은 신의 본성과 같다. 그리고 신은 모든 실재의 존재가 시작되는 원인이다. 이런 관점에서 보면 스피노자에게 신이란 곧 '모든 사물의 존재 원인Seinsursache der Dinge'이다. 그런데 모든 사물은 그 본성이 속하는 신만이 그것의 존재 원인이기 때문에 사물의 본질은 존재의 원인도 될 수 없지만, 지속적으로 존재로 머무는 원인도 될 수 없다.

뿐만 아니라 스피노자는 〈정리 25〉에서 신은 모든 사물의 존재와 사물 본질의 운동인이라고 했다. 신의 운동이 없다면 사물의 존재는 처음부터 없다. 바로 이 운동인이 능산적 자연과 같은 의미를 갖는다. 능산적 자연이 신이라면, 이 신의 운동에 의해서 소산적 자연인 실재가 생산된다. 그러나 능산적 자연과 소산적 자연의 관계를 운동으로 본다면, 이것 또한 두 자연을 동일한 자연으로 보기 어렵다. 그래서 신과 자연의 동일성 문제는 여전히 의문으로 남는다.

우리는 이 의문을 스피노자의 능산적 자연과 소산적 자연에서 찾을 수밖에 없다. 신 혹은 실체와 실재의 관계는 인과관계로 설명되었다. 이때 신 혹은 실체는 모든 자연과 같은 것이 아니라 오직 능산적 자연과 동일하다. 그리고 소산적 자연은 신 혹은 실체에 의해서 생산된 모든 실재다. 능산적 자연을, 자유로운 원인이라 할 수 있는 신이라 한다면, 자유로운 원인이 아닌 다른 원인인 신은 소산적 자연이다. 이런 관점에서 본다면 스피노자에게 신은 자연 모두, 즉 능산적 자연과 소산적 자연을 모두 포함한다. 바로 여기서 우리는 신과 자연의 동일성을 볼 수 있다.

그리고 스피노자는 〈정리 30〉에서 한 번 더 자연과 신의 동일성을 주장한다. 인간의 지성이 유한한 것인지 무한한 것인지 모르지만, 우리는 지성을 갖고 있다. 그리고 인간은 이 지성으로 신의 속성과 변용을 파악한다. 참다운 관념은 그 대상과 일치하기 때문에 지성에 객관적으로 내포되어 있는 모든 것은 필연적으로 자연 안에 주어져 있다. 바로 이 자연 안에는 하나의 실체, 즉 신만이 존재한다는 것이 스피노자의 주장이다. 여기서 스피노자는 자연을 더 이상 능산적 자연과 소산적 자연으로 나누지 않는다. 이런 관점에서 스피노자에게 있어서 자연과 신은 동일하다.

7. 결정론적 세계관

세계는 필연적으로 그렇게 움직일 수밖에 없도록 이미 결정되어 있을까? 이 세상에 존재하는 모든 사물은 생성될 때 운명처럼 모든 것이 결정되어 있을까? 스피노자의 이런 생각을 우리는 결정론적 세계관이라 한다. 1부 마지막 주제인 결정론적 세계관은 스피노자 철학에서 아주 중요한 이론 중 하나다.

신의 속성과 변용을 파악하는 중요한 개념인 지성을 스피노자는 능산적 자연이 아니라 소산적 자연으로 본다. 그리고 이 두 자연의 구별은 지성에 의해서 가능하다. 지성을 절대적 사유로 이해한다면 그것은 능산적 자연이지만, 지성이 사유의 양태인 경우에는 소산적 자연이다.

스피노자는 지성을 절대적 사유로 이해하지 않는 반면, 의지, 욕망 그리고 사랑과 같은 것을 절대적 사유로 보고 능산적 자연이라고 보았다. 그러나 결국 지성을 사유의 양태로 보기 때문에 소산적 자연이다. 물론 의지, 욕망 혹은 사랑과 같은 것도 사유의 양태이지만, 절대적 사유로 파악되지 않으면 안 된다고 스피노자는 보았다.

하지만 스피노자는 의지를 지성과 다르게 본다. 의지도 지성과 마찬가지로 사유의 어떤 양태이긴 하지만 자유 원인이 아니라 필연적 원인이다. 그러나 지성은 소산적 자연이기 때문에 자유 원인이라 할 수 있다. 바로 여기서 자유 원인인 지성과 필연적 원인인 의지가 구별되고, 의지는 필연적 원인을 갖기 때문에 무한하다는 결론이 나온다.

필연적 원인이란 반드시 인과법칙에 따르는 원인이다. 그리고 의지는 필연적 원인이기 때문에 다른 원인을 매개체로 생긴 결과물이다. 그리고 의지는 필연적으로 인과론에 의해서 끊임없이 이어진다. 의지는 무한하기 때문에 신의 존재와 신의 작용에 의해서 결정된다. 그러나 의지는 신의 절대적이고 무한한 실체가 아닌 신의 영원하고 무한한 본질을 나타내는 속성을 소유하고 있기 때문에 결코 무한하지 않다.

하지만 중요한 것은 의지의 유한성이나 무한성이 아니라, 의지가 존재와 존재의 작용을 결정하는 원인을 요구하느냐는 것이다. 그렇기 때문에 의지는 결코 자유로운 원인이 아니라 필연적이다. 여기서 스피노자는 두 가지 결론을 이끌어 낸다. 먼저 신은 의지의 자유로 작용하지 않는다는 것과 다른 하나는 신의 본성에 대한 의지와 지성은 운동과 정지에 관계하고 있다는 것이다. 신의 본성에 대한 운동과 정지의 관계라는 것은, 신과 모든 존재물의 관계와 같다. 즉 모든 존재물은 신으로부터 결정되어 산출되기 때문에 의지는 신이 정해 준 방식대로 생겨나고 작용한다.

신의 본성과 의지가 운동과 정지의 관계이기 때문에 존재하는 모든 개체는 인과법칙에 따라 어떤 하나도 예외 없이 현재 존재하는 그대로 존재하며, 현재의 모습과 다른 개체로 존재할 수 없다. 그러므로 자연 안에 존재하는 모든 것은 필연적인 원인을 갖고 존재한다. 바로 여기서 스피노자는 결정론적 세계관을 〈정리 33〉에서 주장한다. 즉 사물은 신으로부터 현재 산출된 것과 다른 어떤 존재 방식이나 질서에 의해서 산출될 수 없다.

신의 본성이 필연적으로 일정한 방식으로 존재하고 작용하게 규정되어 있기 때문에, 모든 사물은 신의 본성에서 필연적으로 생긴다. 바로 여기서 우리는 만약 현재 자연의 모습이 지금과 다르다면 신의 본성이 다르게 작용하도록 규정된 것인가 하는 질문을 던진다. 스피노자는 그렇다고 대답한다. 현재 자연의 모습이 지금과 같은 것은 바로 신의 본성이 그렇게 작용하도록 규정되었기 때문이다. 만약 현재의 모습이 다르다면, 당연히 신의 본성은 다르게 작용하도록 규정되었을 것이다. 더더욱 현재 자연의 모습이 '현재의 모습'과 '현재와 다른 모습', 이렇게 둘이 있다면 당연히 신의 본성도 둘이어야 한다는 것이 스피노자의 주장이다. 그러나 신의 본성은 결코 둘 이상일 수 없고 하나이기 때문에 현재의 자연 모습은 현재와 같이 작용하게 규정되어 있다.

이성에서 우리는 사물 사이에 우연이란 없고, 필연만 있다는 사실을 확인하게 된다. 사물은 그것의 본질에 있는 운동인에 의해서 필연적으로 생겨나기 때문이다. 마찬가지로 사물이 존재하지 않는 것도 운동인에 의해서 필연적으로 생겨나지 않았기 때문이다.

신은 완전하지만 신의 본성에서 생산된 실재는 그렇지 못하다. 스피노자의 생각도 마찬가지다. 존재는 최고의 완전성인 신으로부터 필연적으로 산출되었지만, 산출된 존재는 완전하지 않았다. 산출된 존재가 불완전하다고 해서 이 불완전성을 신의 본성이나 속성으로 보면 안 된다. 이런 관점에서 볼 때 존재하는 모든 사물은 신의 결정과 의지에 의한 산출이며, 신이 그 원인임이 분명하다. 신은 자신의 영원성과 완전성으로 자신의 의지에 따라 스스로 사물의 모든 것을 결정한다.

　마지막으로 스피노자는 시간성의 문제를 논의한다. 스피노자는 영원성 안에는 과거나 미래 같은 시간에 대한 개념이 없다고 주장한다. 신은 완전하기 때문에 한 가지 결정 이외에 다른 어떤 결정도 하지 않는다. 그래서 신은 스스로 다른 무엇을 결정할 수도 없으며 결정하는 순간 이외에는 존재하지 않는다. 무엇인가 결정할 때만 신이 존재한다는 것이 스피노자의 주장이다. 예를 들어서 현재에 주어져 있는 자연의 모습이 불완전해서 이 자연의 모습 이외에 다른 자연을 만들었다거나, 현재에 주어져 있는 자연과 질서에 다른 결정과 의지를 주었다고 해서 신이 불완전하다고 할 수 없다. 만약 현재에 주어져 있는 자연의 모습과 다른 모습을 신이 원했다면, 그것 또한 신의 지성이나 의지에 따라 생산되었을 것이기 때문이다.

이런 관점에서 볼 때 현재 주어진 자연이나 자연의 질서는 신의 최고의 완전성에서 나온 것이다. 신은 이렇게 자신의 지성 안에 있는 모든 것을 스스로 인식한 것과 다르지 않게 자신의 완전성으로 창조했다. 이렇게 스피노자는 존재하는 모든 생산물은 신의 힘에 의존하고 있다고 보았다. 만약 존재하는 산출물이 신의 의지와 다르게 존재한다면, 신의 의지도 역시 필연적으로 다르게 작용하였을 것이다. 하지만 신의 의지는 결코 다르게 작용할 수 없기 때문에 존재물 또한 다르게 존재할 수 없다. 이렇게 스피노자는 모든 것을 신의 원인과 완전성에 종속시키고 있다. 이런 신에 대한 스피노자의 생각을 우리는 결정론적 세계관이라 부른다. 즉 모든 존재물은 신의 의지에 따라 이미 결정되어 생산된다.

3장
행복에 대하여

스피노자는 『윤리학』 1부를 자기원인의 설명으로 시작한다. 자기원인은 모든 원인의 궁극적인 원인이기 때문에 스스로 어떤 원인도 필요로 하지 않는다. 그리고 이 자기원인은 실체와 같은 것이고, 실체는 신과 동일하며, 다시 신은 자연과 동일한 것이다. 이런 관점에서 스피노자의 신은 곧 자연이다. 그래서 우리는 스피노자의 신관을 범신론汎神論이라 한다.

실체로서 신은 무한한 속성을 갖고 있고, 이 속성은 곧 신의 본성 혹은 본질이다. 신으로부터 산출된 모든 존재물은 바로 이 신의 속성의 양태에 불과하다. 이것을 우리는 각각의 사물이라 한다. 문제는 이 사물이 자신의 의지에 따라 생성되는 것이 아니라, 신이 갖고 있는 본성의 법칙에 따라 필연적으로 생겨난다는 점이다. 바로 이런 면에서 사물의 생성은 사물의 의지가 아니라, 신의 자유로운 의지에 따라 산출되는 것이다. 따라서 생성된 사물은 다른 모습이나 다른 방법으로 생성될 수 없다. 만약 생성된 사물이 현재에 보여지는 모습이 아닌 다른 모습이나 다른 방법으로 생성되었다면 그것 역시 신의 자유로운 의지에 따른 것이다. 바로 이런 스피노자의 생각을 우리는 결정론적 세계관이라 한다.

범신론과 결정론적 세계관에 따라 신은 수없이 많은 것을, 수없이 많은 방법으로 산출해 낸다. 이 모든 것을 다 설명하기란 인간의 능력으로 불가능하다. 그래서 스피노자는 그 많은 것 중에 몇 가지만 그의 『윤리학』에서 설명하고 있다. 그 첫 번째가 바로 '행복'에 관한 것이다.

1. 2부의 〈정의〉와 〈공리〉

스피노자는 『윤리학』 2부의 제목을 「정신의 본성과 기원에 대하여」라고 하였다. 스피노자의 관심은 결정론적 세계관에 의해서 만들어진, 유한하면서도 수많은 양태의 세계에 있다. 하지만 모든 양태에 관심이 있는 것은 아니다. 그중에서도 오직 인간에게만 관심이 있고, 인간의 많은 속성 중에서도 행복에만 관심이 있다.

먼저 2부 〈정의〉에서 스피노자는 몇 가지 개념에 대한 정리를 하고 있다. 〈정의〉 7가지를 정리하면 다음과 같다.

정의:
• 사람이 신을 연장된 사물로 고찰하는 한, 신의 본질이 어떤 일정한 방식이나 방법에 따라 표현되는 것이 바로 양태, 즉 물체다.

- 사물의 본질이 주어지면 사물은 필연적으로 생성되지만, 본질이 제거되면 사물은 필연적으로 소멸된다. 반대 관점에서 사물이 소멸하면 본질은 당연히 있을 수도 없으며 생각될 수도 없다.

- 관념이란 정신이 형성하는 정신의 개념이다. 왜냐하면 정신은 사유하는 것이기 때문이다. 지각이라 표현하면 마치 정신이 대상의 작용을 받는 것처럼 느껴진다. 하지만 개념은 정신의 능동성을 표현하는 것이다. 그래서 스피노자는 지각이란 표현보다 개념이란 표현을 사용하고 있다.

- 모든 관념이 다 타당하지 않기 때문에 타당한 관념에 대한 정의도 필요하다. 즉 타당하거나 온전한 관념이 되려면 대상과 관계를 떠나 그 자체로 고찰되어야 하며, 타당한 관념의 모든 성질과 내적 특징을 가져야 한다. 스피노자는 관념과 대상이 일치하는 것을 외적 특징으로 보았다. 이런 외적 특징을 제외

한 것이 바로 내적 특징이다.

• 존재가 무한정적 연속으로 이어지는 것이 지속이다. 어떤 존재의 연속이나 지속이라는 것은, 그 존재의 본성 자체에 의해서 한정될 수도 없으며, 그 존재의 작용인에 의해서 한정될 수 없기 때문이다. 또한, 일반적으로 작용인은 어떤 존재를 필연적으로 정립할 수는 있지만, 그 존재를 제거할 수는 없기 때문이다.

• 실재성과 완전성은 같다.

• 개체란 유한한 존재이며, 정해진 어떤 특정한 존재를 말한다. 만약 여러 개의 개체가 동시에 하나의 결과에 대한 원인이 된다면, 그 원인은 하나의 결과를 위해 한 가지 활동만 하게 된다. 그렇기 때문에 그 여러 개의 개체는 다시 하나의 개체로 보아야 한다는 것이 스피노자의 정의다.

〈정의〉는 〈공리〉를 바탕으로 가능하다고 했다. 이상의 〈정의〉 역시 다음과 같은 〈공리〉를 전제로 가능하다. 2부의 5가지 〈공리〉를 정리하면 다음과 같다.

공리:

- 인간의 본질은 필연적인 존재를 내포하지 않기 때문에 어떤 인간의 존재 여부는 단지 자연의 질서에 달려 있다.
- 인간은 생각한다.
- 사랑이나 욕망과 같은 사랑의 양태나 마음에서 생기는 감정이나 정서와 같은 모든 것은 개체 안에서 사랑하거나 욕구하는 어떤 사물의 관념 없이는 존재하지 않는다.
- 인간은 인간의 육체가 다양한 방법으로 자극받고 있다는 것을 알고 있다.
- 인간은 육체와 생각의 양태 이외의 어떤 생산된

자연이나 개체에 대해서 감각하거나 지각하지 않
는다.

이상이 스피노자가 인간의 행복을 위해 제시한 〈정의〉와
〈공리〉다. 이를 중심으로 스피노자가 주장하는 인간의 행
복이 무엇인지 살펴보자.

2. 물체와 정신의 평행이론 ─ 물심평행론物心平行論

우리는 『윤리학』 2부 「정신의 본성과 기원에 대하여」 앞
부분에서 스피노자의 그 유명한 평행이론을 찾을 수 있다.
스피노자는 〈정리 7〉에서 '관념의 질서와 결합'이, '사물의
질서와 결합'과 같다는 주장을 한다. 여기서 우리는 그의
물체와 정신의 평행이론, 즉 물심평행론을 설명한다. 물심
평행론을 주장하기 전, 스피노자는 생각의 문제를 먼저 다
루고 있다. 〈정리 1〉에서 스피노자는 생각은 신의 속성이

거나, 신 자체가 생각하는 사물이라고 주장한다.

스피노자는 이를 증명하기 위해서 1부의 내용을 다시 가져온다. 개체 각각의 생각은 신의 본성이 표현된 양태다. 신으로부터 받은 생각의 속성이 개체 각각의 생각에 포함되어 개체는 생각할 수 있다. 그러므로 생각은 신의 영원하고 무한한 본질을 표현하는 것이자 신의 무한하고 영원한 속성 중에 하나다.

인간은 무한한 생각을 바탕으로 더 많은 존재물을 만들어 낼 수 있고, 실재성과 완전성에 관한 것도 가능하게 한다. 무한한 생각을 가진 인간은 생각만으로 무한한 존재물을 생산해 낼 수 있다. 신은 많은 속성 중 하나인 생각을 인간에게 줌으로써 이것이 가능하게 만들었다.

〈정리 2〉는 신의 속성 중 또 다른 하나인 연장에 대한 설명이다. 즉 연장은 신의 속성이거나 신 그 자체다. 증명은 〈정리 1〉의 방법과 같다고 스피노자는 말한다. 이렇게 하여 신의 속성 중에서 두 가지, 생각과 연장이 인간에게 필연적으로 주어진다. 신이 갖고 있는 그 많은 속성 중에서 생각과 연장은 인간에게 어떤 '인식'을 갖게 해 주는 것이다.

여기서 한 가지 의문이 든다. 자연의 세계에는 수없이 많은 속성이 있다. 그 많은 속성 중에서 인간은 왜 하필이면 이 두 가지만 인식하고 있느냐는 것이다. 우리는 바로 여기서 스피노자 철학의 특징을 찾아볼 수 있다. 신은 무한히 많은 것을 무한한 방식으로 생각할 수 있다. 그리고 이렇게 많은 생각은 관념을 통해 자연의 연장으로 나타나기 때문에 스피노자는 생각을 단순히 생각으로만 이해하지 않는다. 그에게 생각은 때로는 관념이고, 때로는 정신으로 나타나기도 한다. 스피노자는 〈정의 3〉에서 정신은 생각하는 것이기 때문에 정신의 개념을 관념이라고 주장하고, 〈정리 3〉에서는 생각을 관념으로 표현한다.

신은 자신의 본질에서 생겨나는 모든 것을 관념화시킬 수 있기 때문에 관념은 신 안에서 필연적으로 존재한다. 하지만 우리는 존재하는 모든 사물은 신의 자유의지에 따라 모든 존재가 파괴 혹은 소멸될 수 있기 때문에 사물 자체가 우연적이라 생각한다. 하지만 이것은 결코 우연이 아니라 필연이라는 것을 우리는 1부에서 살펴보았다. 다시 말해 신이 스스로 자신을 인식하는 것이 필연적인 것처럼 신이

무한히 많은 존재를 무한하게 많은 방법으로 있게 하는 것
도 역시 필연적이다. 이 모든 것은 신의 활동이라는 본질이
라 할 수 있다. 신이 활동하지 않는다는 것은 신이 존재하
지 않는다는 것과 같다.

　문제는 신에 대한 관념이다. 인간은 생각을 통해 관념을
만들어 낸다. 신은 다양한 활동으로 무한히 많은 존재물을
만들어 낸다. 각각의 존재물 역시 각각의 생각을 통해 관념
을 만들어 낸다. 이렇게 만들어진 관념은 존재물만큼이나
아주 다양할 것이다. 바로 여기서 신에 관한 관념의 문제
가 생긴다. 다양한 존재물이 다양한 방법으로 신에 대한 관
념을 만들어 낸다면, 신이 아주 많다는 주장도 나올 수 있
기 때문이다. 스피노자도 이 문제를 간과하지는 않았다. 그
래서 스피노자는 신에 대한 관념은 하나라고 〈정리 4〉에서
분명히 하고 있다. 스피노자는 1부 〈정리 14〉에서 신은 유
일하다고 했다. 신은 유일하기 때문에 신에 대한 관념도 하
나여야 한다. 아무리 다양한 존재물이 서로 다른 다양한 생
각과 지성으로 신에 대한 관념을 만들어도, 결국 그것은 하
나에 대한 관념이라는 것이 스피노자의 생각이다.

이런 스피노자의 생각은 신과 존재물의 인과론에도 적용된다. 관념적이든 실재적이든 신은 하나이기 때문에 신의 사유에 의해서 존재하는 모든 존재물인 형상적 존재das formale Sein는 신을 원인으로 인정해야 한다. 형상적 존재의 관념은 생각의 양태이기 때문에 신의 어떤 속성에 대한 개념도 포함하고 있지 않으며, 생각 이외의 어떤 속성의 결과도 될 수 없는 것이다. 그러므로 신이 생각하는 것이라고 할 때 관념의 형상적 존재는 신을 원인으로 인정하는 것이다.

　각각의 형상적 존재물은 고유의 속성을 갖고 있기 때문에 다른 속성의 도움 없이 스스로 속성을 파악할 수 있다. 그리고 모든 속성의 양태는 자신만의 속성에 대한 개념을 포함하고 있고, 다른 속성의 개념은 갖고 있지 않다. 그래서 양태는 자신의 속성에서 신이 고찰될 때에 한해서만 신을 원인으로 갖는다. 생각의 양태가 아닌 사물의 형상적 존재물은 신의 본성이 사물이 생기기 이전에 이미 인식되었기 때문에 존재하는 것이 아니라, 사물이 관념의 대상이 되어 생겨나는 것이다. 즉 관념이 생각의 속성에 의해서 생겨나는 것과 같은 필연적인 방법으로 생겨나는 것이다.

이처럼 스피노자는 생각을 관념과 정신으로 설명하고 있다. 하지만 스피노자가 주장하는 생각의 속성으로 본 관념은 인간의 정신 활동 같은 것이 아니다. 모든 관념이 우리의 정신에 포함되어 있지 않다는 사실을 우리는 잘 안다. 그렇다고 인간이 갖고 있는 관념이 모두 동일하지도 않다. 스피노자가 관념을 설명할 때 오히려 우리는 신의 실재성을 생각하게 된다. 신에 대한 관념 혹은 신에 대한 생각이 하나라는 그의 주장은 설득력이 있다. 이런 측면에서 스피노자의 신의 관념이나 생각은 오히려 신의 개념으로 이해하는 것이 더 편할지도 모른다. 이로써 우리는 오히려 신의 실존이나 존재를 더 의심 없이 받아들일 수 있다.

하나의 관념인 신을 원인으로 생기는 형상적 존재물은 결국 관념의 질서에 따라 생겨나는 형상적 존재물과 같다. 그래서 스피노자는 〈정리 7〉에서 '관념의 질서나 결합은 사물의 질서나 결합과 동일한 것'이라는 물심평행론을 주장한다. 일반적으로 관념은 머리에 떠오르는 개념으로, 대상을 생각으로 표현한 것이다. 우리는 하나의 개념을 표현하기 위해서 많은 생각을 한다. 그리고 그렇게 표현된 개념은 하나의 대상으로 다른 사람에게 전달된다. 이것이 곧 글이며 말이다. 여기서 우리는 물어볼 수 있다. 생각의 개수와 말이나 언어의 개수 혹은 대상의 개수는 같을까 아니면 다를까?

일반적으로 생각할 때 생각의 개수가 언어나 말의 개수보다 많고, 지시하는 대상의 개수가 가장 적을 것으로 생각한다. 하지만 우리가 잘못 알고 있을 수도 있다. 예를 들어서 '책상'이라는 개념을 표현한다고 하자. '책상'을 말이나 글로 나타내기 전, 먼저 이런저런 책상의 모습을 생각한다. 강의실의 책상, 내 서제의 책상 혹은 언젠가 쇼룸에서 본 책상 등이다. 하지만 이런 서로 다른 관념과 대상을 갖는 책상이라 할지라도 우리는 '책상'이라는 개념을 언어나 말로 표현하고 전달한다. 이렇게 언어나 말로 표현된 '책상'은, 전달자의 의도와는 전혀 관계없이 자신의 대상으로 관념화된 개념을 통해 이해된다. 즉 전달자는 강의실의 책상을 얘기하지만, 전달받는 사람은 자신의 서재에 있는 책상으로 이해할 수도 있다는 뜻이다. 이런 관점에서 본다면 생각의 개수와 말이나 언어의 개수, 대상의 개수는 같다고 할 수 있다.

스피노자의 생각도 마찬가지다. 즉 스피노자는 〈정리 7〉을 보충 설명하면서 신에 의해서 생각된 실체와 연장된 실체는 같은 것이라고 주장한다. 뿐만 아니라 연장의 양태와 관념의 양태도 같다고 주장했다. 예를 들어서 자연 속에 존재하는 원과 신의 자연 속에 존재하는 원에 대한 관념은 같다. 그렇기 때문에 우리가 자연을 연장의 속성으로 보든, 생각의 속성으로 보든, 혹은 다른 어떤 속성으로 보든 동일한 질서 속에 있다는 것을 알게 될 것이다. 이는 곧 같은 원인에 연결되어 있기 때문에 사물이 상호작용을 통해 지속적으로 이어진다는 사실을 우리는 알게 될 것이다.

여기서 우리가 구별해야 할 것은 '자연의 원', 즉 '연장의 양태로서 원'과 '신의 생각 속에 있는 원'이다. 신은 생각하는 사물에 한해서, 원에 대한 관념의 원인이다. 하지만 자연의 원은 형상적 존재에 대한 관념이 원인이다. 예를 들어서 어떤 대상과 그 대상의 관념처럼 '원'과 '원의 관념'은 서로 다른 두 개의 양태가 아니라, 다른 속성을 통해 인식되는 하나의 양태라고 할 수 있다. 그리고 원은 연장의 양태 이지만, 원의 관념은 생각의 양태, 즉 관념 그 자체다. 원과 원의 관념은 두 가지 방식으로 표현된 하나의 실체라는 양태라고 할 수 있다.

이렇게 생각이 관념이라는 개념을 만들고, 그 관념은 대상을 전제로 하듯이, 관념이 형상적 존재를 낳고 그 형상적 존재는 다시 관념으로 이어진다. 이때 이 관념은 형상적 존재의 가장 가까운 원인으로, 생각의 또 다른 양태라고 스피노자는 표현하고 있다. 이렇게 지각된 양태는 또 다른 양태를 지각하고, 이렇게 끊임없는 상호작용을 통해 지속된다. 이렇게 존재물이 생각의 양태로 고찰되기 때문에 전체 자연의 질서나 원인의 연결은 단지 생각의 속성에 의해서만 설명될 수 있다. 그리고 같은 방법으로 존재물이 양태의 연장으로 고찰되는 한, 전체 자연의 질서도 마찬가지로 연장의 속성에 의해서 설명할 수밖에 없다. 바로 이런 측면에서 스피노자는 관념이 곧 사물이라는 평행이론을 주장한 것이다.

3. 인간의 정신과 신체

인간의 정신이란 무엇인지 스피노자는 2부 11장에서 설명하고 있다. 스피노자는 인간 정신의 현실적 존재wirkliches Sein를 구성하는 최초의 것은 현실적으로 존재하는 어떤 개체의 관념이라고 주장한다. 실질적으로 존재하는 존재물은 실체와 실체의 속성이 변용된 양태 이외에는 어떤 것으로도 존재하지 않기 때문에 양태의 관념에 속한다. 인간도 마찬가지다. 인간의 본질은 신의 속성에서 나오는 어떤 양태에 의해서 구성된다. 이는 곧 사유의 양태다. 이런 사유의 양태는 항상 관념이 선행하기 때문에 관념이 주어지면 당연히 양태들은 동일한 개체 안에 존재하게 된다. 바로 이런 관점에서 관념은 인간 정신의 존재를 구성하는 최초의 무엇이다.

이때 관념은 현실적으로 존재하는 사물의 관념이어야 하며 무한한 사물의 관념이어서는 안 된다. 무한한 사물의 관념은 항상 필연적으로 존재하기 때문이다. 이렇게 필연적으로 존재하는 무한한 사물의 관념은 2부 〈공리 1〉에서 이미 불합리하다고 보았다. 그러므로 인간 정신의 현실적 존재를 구성하는 최초의 어떤 것은 현실적으로 존재하는 개물個物, Einzelding의 관념일 수밖에 없다.

스피노자에게 있어서 인간의 정신이란 현실적으로 존재하는 유한한 사물의 관념이다. 바로 여기서 스피노자는 〈정리 11〉 보충에서 인간 정신은 신의 무한한 지성의 일부라는, 쉽게 이해하기 힘든 결론을 이끌어 낸다. 아마도 스피노자는 신의 무한한 지성을 사유 속성 아래에 있는 양태로 보고 있는 것 같다. 스피노자도 스스로 논리적 비약을 인정하고, 〈정리 11〉 주석에서 독자에게 끈기를 갖고 끝까지 자신의 논리에 따라 달라는 부탁을 했다.

이어서 스피노자는 〈정리 12〉에서 인간의 지각과 인식이 어떻게 얻어지는가에 대해 설명한다. 관념의 대상 안에서 일어나는 모든 일은 인간 정신에 의해서 지각되어야만 한다. 그게 아니라면 정신 안에 이 사물의 관념이 필연적으로 존재해야 한다는 것이 스피노자의 주장이다. 그리고 인간 정신을 구성하는 관념의 대상이 신체라면, 신체 안에서는 정신에 의해서 지각되지 않는 어떤 일도 일어나지 않을 것이다.

스피노자는 〈정리 11〉에서 인간의 정신이란 현실적으로 존재하는 유한한 사물의 관념이라고 한다. 그리고 〈정리 12〉에서는 인간 정신을 구성하는 관념의 대상이 신체라 했고, 이 신체 안에서 정신의 지각으로 모든 것이 일어난다고 했다. 결국 스피노자에게 있어서 현실적 존재란 바로 신체의 관념임을 우리는 알 수 있다. 이것이 바로 〈정리 13〉의 주제다. 즉 인간 정신을 구성하는 관념의 대상은 바로 신체다. 그러므로 스피노자에게 있어서 정신은 곧 관념이며, 이 관념의 대상은 신체다.

스피노자의 증명은 아주 간단하다. 사람의 신체에 어떤 자극이 가해지면 그것을 느끼지 못하는 사람은 없다는 것이다. 이렇게 스피노자는 이와 같은 아주 간단한 경험적 사실을 근거로 정신은 관념이며, 관념의 대상은 신체라는 것을 증명한다. 만약 신체가 인간 정신의 대상이 아니고, 신이 사람의 정신을 구성한다고 가정해 보자. 이때 신체에 가해진 자극에 대한 관념은, 다른 사물의 정신을 구성하는 신의 내부에 존재하게 된다. 이렇게 되면 신체의 자극에 대한 관념은 사람의 정신 안에는 없는 것이다.

사람은 신체 변용의 관념을 갖고 있기 때문에 우리의 정신을 구성하는 관념의 대상은 당연히 실질적으로 존재하는 신체다. 이렇게 사람의 정신과 신체는 하나로 결합되어 있다. 문제는 정신과 신체의 결합이 사람에게만 국한된 것이 아니라는 것이다. 스피노자에 따르면 개체도 정도의 차이는 있지만 정신을 갖고 있다. 신 안의 관념이 필연적으로 모든 개체에도 있기 때문에, 이 개체가 갖는 관념도 인간 신체의 관념과 마찬가지로 그 원인이 신에게 있다.

이렇게 모든 관념이 개체에 따라 다르기 때문에 어떤 개체는 다른 개체보다 우월하거나 더 많은 실재성을 포함하고 있다. 같은 관점에서 인간 정신도 개개의 인간에 따라 우월하거나 더 많은 실재성을 포함할 수도 있다. 사람 신체의 자극은 사람의 정신 안에 있다고 했다. 신체가 동시에 많은 자극을 받으면 그만큼 더 많은 정신이 작용하게 된다. 어떤 사람의 신체가 다른 사람의 신체보다 더 유능하면 할수록 정신의 작용도 더 많을 것이다. 이런 경우 우리는 사람 신체의 우월성을 말할 수 있다. 마찬가지로 사람의 정신도 이처럼 우월하다거나 더 많은 실재성을 포함한다고 말할 수 있다는 것이 스피노자의 생각이다.

4. 인간 신체의 자극과 기억

스피노자의 주장에 따르면 인식은 자연과 신의 정신이다. 자연은 유한한 양태의 무한한 질서로 인간의 신체도 이 자연의 일부이다. 그리고 신의 정신은 관념의 무한한 질서로, 유한한 인간의 정신이 바로 그 일부다. 즉 인식은 인간의 신체를 포함한 '자연'과 인간의 정신을 포함한 '신의 정신'으로 구성되어 있다.

스피노자는 인간 정신이란 인간 신체의 복잡한 관념이라고 했다. 그리고 개개인의 정신이 다름을 구별하기 위해서 복잡하고 다양한 물체의 복합성을 설명하고 있다. 이것이 스피노자가 추구하는 인간의 인식 문제다. 인간 신체에서 나타나는 모든 관념을 인간 정신이 알기 때문에 인간 정신은 인간 신체의 복잡한 관념이다. 그리고 신체의 자극을 정신이 기억하는 것이 바로 인식이다.

바로 이 문제를 스피노자는 『윤리학』 2부 〈정리 14〉에서 〈정리 18〉까지 다루고 있다. 〈정리 14〉에서 스피노자는 인간 정신은 아무리 많은 것이라도 모두를 지각할 수 있는 적합성을 갖고 있으며, 인간 신체가 더 많은 영향을 받으면 받을수록 그 적합성은 더욱 커진다고 주장한다. 인간 신체는 다양한 방식으로 외부의 물체에 노출되어 있기 때문에, 외부 물체로부터 쉽게 자극을 받는다. 그리고 인간 정신은 외부 자극에 대해 지각하는 적합성을 갖고 있어서, 신체의 자극에 대해 지각하지 않을 수 없다. 이렇게 인간 정신은 많은 것을 지각하는 데 적합하며, 외부의 자극이 커질수록 더 많은 것을 지각한다.

외부의 자극이 먼저 신체에 이르고, 신체의 자극이 인간 정신에 이른다는 스피노자의 이 주장이 바로 그의 '감각 지각'에 관한 이론이다. 세상에 존재하는 사물은 먼저 인간 신체를 자극하여 변화를 준 다음, 그 변화가 다시 인간 정신을 변화시킨다. 인간의 감각 지각은 신체가 먼저 외부의 자극을 받아들인 다음 정신은 그것을 인식하거나 기록함으로써 지각되는 것이 순서다.

그렇기 때문에 스피노자는 〈정리 15〉에서 인간 정신의 형상적 존재를 구성하는 관념은 단순하지 않고, 지극히 많은 관념으로 구성되어 있다고 한다. 인간 신체는 매우 복잡하게 조직화되어 있는 많은 개체로 구성되어 있다. 하지만 인간 정신의 형상적 존재를 구성하는 관념은 바로 이 신체의 관념이다. 아무리 신체의 관념이 복잡하고 많은 개체로 구성되어 있다고 해도 개별적으로 구성되어 있는 신체의 관념은 필연적으로 신 안에 주어져 있기 때문에, 무한한 신체의 자극으로 생긴 인간 정신의 무한한 관념은 신의 지성처럼 인간 사유의 무한 양태라 할 수 있다.

하지만 이런 감각 지각에도 문제가 있다. 사람의 신체가 외적인 자극에 의해서 변용될 때는 인간 신체의 본성뿐 아니라 인간을 변용시키는 대상의 본성도 포함되어 있다. 그래서 스피노자는 〈정리 16〉에서 인간 신체가 외부의 물체로부터 자극받는 모든 관념은 인간 신체의 본성과 물체의 본성을 포함한다고 주장한다. 이를 바탕으로 〈정리 16〉 보충 1과 2에서 두 가지 결론이 나온다.

첫째, 인간 정신은 자신의 신체의 본성과 많은 외부 물체의 본성을 동시에 지각한다.

둘째, 인간이 가지는 관념은 외부 물체의 본성보다 인간 신체 상태를 더 많이 나타낸다.

그런데 바로 이 두 번째 결론이 감각 지각의 문제가 된다. 즉 인간 신체는 외부 물체의 자극에 의해서 변용된다고 했다. 지각된 대상이 갖고 있는 본성보다 이 변용의 방식에 따른 관념에 인간 신체의 본성이 더 많이 나타나기 때문이다.

과연 인간은 자신의 신체가 인식한 부분과 외부 물체의 자극으로 인식된 부분 중 어느 것이 더 인간 정신의 관념을 형성하는 데 기여했는지 알 수 있을까? 오늘날 우리도 이 문제를 놓고 고민하겠지만, 당시 스피노자도 상당히 혼란스러워한 것 같다. 사람은 살아가면서 신체적 자극을 받는다. 이 신체적 자극을 경험이라고 해도 좋다. 우리는 평생 같은 자극을 여러 번 경험할 수도 있고, 평생 한 번 경험할 수도 있다. 그런데 우리는 한 번 경험한 것을 평생 잊지 못하는 경우가 있다. 즉 평생 한 번의 신체적 자극을, 인간 정신은 관념으로 남긴다는 것이다. 〈정리 17〉 보충에서 스피노자는 인간 신체에 단 한 번 자극된 외부의 물체가 더 이상 존재하지 않거나 현존하지 않더라도, 인간 정신은 그것을 마치 현존하는 것처럼 관조할 수 있다고 표현한다.

스피노자는 이 문제를 〈정리 17〉 주석에서 '베드로의 관념'이라는 예를 통해 보충 설명하고 있다. 베드로 자신의 관점에서 보면 베드로 신체의 관념은 실질적으로 베드로의 생각이라는 속성에 놓여 있는 양태다. 그리고 이 생각의 속성에 놓여 있는 양태는 베드로 정신의 본질을 구성하기 때문에, 베드로 신체의 관념은 곧 베드로의 정신이다. 결과적으로 베드로의 정신은 곧 베드로의 관념이다. 하지만 만약 다른 사람이 베드로를 보고 베드로의 관념을 얘기한다면 상황은 조금 달라진다. 스피노자는 바울을 예로 들고 있다. 예를 들어서 바울이 베드로를 보고 베드로의 관념을 얘기한다면, 바울은 실질적인 베드로의 관념을 얘기하기보다는, 자신의 신체를 통해 인식된 베드로의 관념을 얘기할 것이다. 즉 바울은 베드로의 신체보다는, 자신의 신체에 정신의 본질을 구성하여 베드로의 관념을 설명한다는 것이다.

그렇기 때문에 바울이 베드로의 관념을 설명할 때는 베드로의 신체가 아닌, 바울의 신체가 변용된 베드로의 관념을 얘기한다는 것이 스피노자의 주장이다.

이런 관념이 가능한 이유를 스피노자는 정신이 사물을 표상하기 때문이라고 주장한다. 즉 실질적으로 존재하지 않거나 현존하지 않는 물체를, 우리가 현존하는 것처럼 관조할 수 있는 이유는, 정신이 사물을 표상하기 때문이다. 〈정리 18〉에서 스피노자는 인간 신체가 두 개 이상의 물체로부터 동시에 자극받으면, 나중에 정신은 동시에 자극받은 그 물체 중 한 가지를 표상할 때 다른 것도 동시에 기억할 수 있다고 말한다. 예를 들자면 같은 말馬을 보고 군인과 농부는 서로 다른 것을 기억할 수 있다. 군인은 말을 보고 기사, 전쟁과 같은 것을 기억하거나 생각할 수 있을 것이며, 농부는 쟁기와 밭 같은 것으로 자연스럽게 사유가 옮겨 갈 것이다. 이런 예를 통해 우리는 어째서 정신이 한 사물의 사유에서, 전혀 유사성이 없는 것처럼 보이는 대상으로 사유가 옮겨 가는지 분명하게 이해할 수 있다.

스피노자는 이렇게 신체의 자극이라는 것을 통해 인간

정신의 관념을 설명하고 있다. 즉 신체의 자극이라는 감각을 정신의 문제로 이어 가려는 것이 그의 의도다. 하지만 완벽하다고는 할 수 없다. 아마도 스피노자가 오늘날 발달된 과학에 대해서 조금 더 알았다면 보다 나은 예를 통해 설명했을 것이다. 그래서 오늘날 스피노자의 이 같은 논의를 뇌 연구와 연결시켜 설명하는 철학자나 과학자가 종종 있다. 오늘날 그들이 스피노자를 어떻게 보든 한 가지 분명한 것은, 스피노자가 보이지도, 현존하지도 않는 것조차 인간 정신의 관념을 통해 현존하는 것처럼 관조할 수 있다는 사실을 주장하고자 했다는 것이다.

5. 인간 신체와 정신의 오류

스피노자는 인간 신체와 정신의 관념을 설명하면서 〈정리 17〉 주석에서 베드로의 관념에 관한 예를 들고 있다. 베드로가 스스로 자신의 신체와 정신의 관념을 관조할 때와 바울이 자신의 신체를 통해 베드로의 관념을 관조할 때는 분명 다를 것이다. 하지만 우리는 일반적으로 다른 사람의 관념을 관조할 때는 스피노자의 주장처럼 자신의 신체 관념을 통해 관조한다. 바로 여기서 오류가 생김을 알 수 있다. 〈정리 19〉부터 스피노자는 이 오류에 관한 얘기를 하고 있다.

스피노자의 관점에서 인간의 관념은 신의 관념의 연장이다. 즉 신의 지성 속에 있는 관념의 연장이 인간 정신의 관념이라는 말이다. 아무리 인간 정신의 관념이 복잡해도 신의 지성의 일부이다. 그리고 신의 무한한 지성 속에 있는 모든 관념은 항상 참이다. 그런데 신의 지성의 일부인 인간의 관념은 왜 항상 참이 아닐까 하는 질문이 나온다. 이런 측면에서 스피노자에게 오류의 문제는 중요했다.

스피노자는 〈정리 22〉에서 '관념의 관념die Ideen von den Ideen'이란 표현을 쓴다. 그리고 〈정리 20〉에서는 인간 정신의 관념이나 인식이 신 안에도 있다고 주장한다. 사유는 신의 속성이기 때문에 인간의 사유나 사유의 변용뿐 아니라, 인간 정신까지도 신 안에 관념으로 있다. 그리고 관념의 질서와 결합은 사물의 질서와 연결과 동일(〈정리 7〉 본문)하기 때문에 신체의 관념이나 인식이 생기는 것과 같은 방법으로 신 안에도 생기고, 신에게 귀속되기도 한다. 인간 정신의 관념이 신체의 자극에서 오는 관념이기 때문에 정신이 스스로를 신체와 하나라고 느끼는 것과 같이, 정신 관념 역시 스스로를 정신과 하나로 인식하게 된다. 신체가 정신의 대상이기 때문에 정신과 신체는 하나다. 같은 방법으로 정신의 관념은 정신 자체, 신체와 같다. 그렇기 때문에 정신의 관념은 정신 자체와 합일한다.

인간 정신과 신체가 하나로 합일하기 때문에 인간 정신은 신체의 변용과 변용의 관념까지도 지각하게 된다. 바로 여기서 스피노자는 '관념의 관념'이라는 표현을 쓴다. 신체의 변용이라는 '관념'과 변용의 '관념이라는 관념', 즉 '관념의 관념'까지 신 안에 생기고, 같은 방식으로 신에게 귀속된다. 신체의 변용에 관한 관념은 당연히 인간 정신 안에 있다. 그런데 신이 인간 정신의 본질을 구성하고 있기 때문에, 인간 정신은 신 안에 있다. 그리고 '관념의 관념'은 인간 정신에 의해서 인식된 것이기 때문에 신 안에 있는 것은 당연하다. 그렇기 때문에 인간 정신은 신체의 변용이라는 관념뿐 아니라 변용된 관념의 관념까지도 인식할 수 있는 것이다.

스피노자의 '관념의 관념'이라는 주장은 관념 자체의 어떤 본질적인 특성을 알 수 있다는 긍정적인 면도 있지만, 오류가 생긴다는 부정적인 면도 있다. 베드로와 바울의 관념에서 보았듯이 베드로 스스로 자기 정신의 관념을 관조하는 것과, 바울의 신체를 통해 베드로의 관념을 관조하는 것은 분명히 다르다. '관념의 관념'을 인정하면 베드로가 스스로 관조하는 것과, 바울이 자신의 신체를 통해 베드로를 관조하는 것이 다를 수 없기 때문이다. 그런데 스피노자는 여기에 '관념의 관념'을 추가하고 있다. 관념을 관조하는 것이 한 단계를 뛰어넘어 두 번째 단계로 넘어갔다. 더 많은 오류가 나타날 수밖에 없는 상황이다.

스피노자는 〈정리 17〉에서 인간 정신이 신체의 자극을 관념화시키는 과정을 표상Vorstellung이라고 한다. 그런데 바로 이 표상이 오류를 낳는다. 인간 정신은 외부 자극에 따른 인간 신체의 변용의 관념을 인식한다. 하지만 인간 정신은 신체에 대한 인식을 구성하지 못하기 때문에 인간 신체는 외부의 자극에 따른 변용의 관념이 아니면 인간 정신은 인간 신체의 존재에 대해서 알 수 없다(〈정리 19〉 증명). 즉 인간 신체를 인식하기에는 인간 정신이 부족하다. 그 이유에 대해서 스피노자는 〈정리 24〉에서 〈정리 31〉까지 설명하고 있다.

인간 신체는 매우 복잡하게 조직되어 있기 때문에 신체의 본성과 형태를 다 온전하게 유지하면서 인간 신체의 어떤 한 부분이라도 인간 신체 전체에서 분리시키지 못한다. 만약 이렇게 분리된 하나의 개체를 인간 신체라고 생각한다고 해도 인간 신체의 본질에는 속하지 않는다. 그러므로 인간 정신이 인간 신체를 인식하기에 부족한 이유는 인간 정신이 인간 신체를 조직하는 부분의 타당한 인식을 갖고 있지 않기 때문이다(〈정리 24〉 본문).

스피노자는 신체의 자극이 정신을 관념화시키는 것을 표상이라고 했다. 표상을 위해 필요한 것은 상상이다. 세계 속에서 인간 신체는 어떤 대상의 자극에 의해서 변용되고 관념을 얻는다. 이렇게 얻은 관념은 인간 신체의 본성뿐 아니라, 외부 대상의 본성까지도 모두 포함한다. 이때 스피노자는 상상, 즉 표상을 하게 된다는 것이다. 이렇게 인간의 표상, 혹은 상상으로 얻은 관념은 그 대상에 대한 옳은 인식이라고 할 수 없다(〈정의 25〉 본문). 그 이유는 간단하다. 외부의 자극이 인간 신체에 주어지지 않는다면 인간 신체는 어떤 방법으로든 외부 물체의 존재를 인식할 수 없다. 인간 정신이 표상을 통해 외부 물체의 존재를 지각할 뿐이다.

〈정리 26〉은 인간 신체와 외부 물체의 상호 관계가 없다면 인간 정신은 물체의 현실적인 본질이나 본성을 결코 인식할 수 없다는 의미다. 뿐만 아니라 인간 신체의 어떤 변용의 관념은 신체 자체를 타당하게 인식할 수 없거나 변용의 본성을 적절하게 표현할 수 없다. 즉 인간 정신이 인간 신체의 관념에 관여하지 않는 한, 신체는 외부 물체의 자극에 대한 관념을 적절하게 인식할 수 없다는 것이 스피노자가 〈정리 29〉에서 주장하는 내용이다. 그러므로 인간 정신은 외부 물체 혹은 자연 질서를 지각할 때 인간 정신뿐 아니라 인간 신체와 외부 물체에 대해서도 적당하고 합당한 인식을 가지지 못하고 손상되거나 혼란한 인식만 갖는다(〈정리 29〉 보충).

여기서 상상을 동반한 표상이 그 능력을 발휘한다. 표상은 일상적 자연 질서가 주는 물체나 인간 정신과 신체가 갖는 손상되고 혼란한 인식을 보다 명확하게 해 준다. 스피노자는 '관념의 관념'이란 개념으로, 외부의 자극이 인간 신체를 통해 인간 정신의 관념으로 인식될 때 감각적인 지각이 정신적인 지각으로 변하는 것을 설명하고 있다. 바로 이것을 우리는 상상 혹은 상상을 동반한 표상으로 설명이 가능할 것이다. 그래서 스피노자는 〈정리 26〉에서 인간 정신이 자기 신체 변용의 관념으로 외부 물체가 현존한다는 것을 지각한다고 하였다.

이렇게 상상이란 표상을 통해 우리는 외부의 물체의 변용에 대해서도 지각할 수 있다. 그러나 문제는 현실적으로 존재하지 않는 것에 대한 인식이다. 현실적으로 존재하지 않는 물체를 우리가 변용을 통해서 지각한다는 것은 쉽지 않다. 그래서 상상이라는 표상을 통해서는 현실적으로 존재하지 않는 물체의 지속에 대해 지각할 수 없다. 또, 인간 신체에 지속적인 자극을 통해 일어나는 현실적인 존재는 끊임없이 인식된다고 했다. 그러나 외부에서 주어지는 자극에 대한 정확한 원인을 인간은 제대로 인식할 수 없다. 즉 인간 신체는 외부의 지속적이고 현실적인 존재에 대한 정확한 원인을 알지 못하는 상태에서 인식되기 때문에 신체의 변용이나 지속에 대해서는 정확하거나 적합한 인식을 가질 수 없다.

결과적으로 스피노자는 〈정리 31〉에서 우리는 우리의 외부에 있는 개별적인 물체의 지속에 관해서는 가장 타당하지 못한 인식을 가질 수밖에 없다고 주장한다. 현실적으로 존재하는 개별적인 물체를 인식하는 것은 인간 신체에 대한 외부의 자극으로 인간 정신은 쉽게 인식할 수 있다. 그러나 실재 존재하지 않는 개별적인 물체에 대한 변용이나 지속은 상상에 의한 표상으로만 인식하거나 관념화할 수 있다는 것이 스피노자의 주장이다. 바로 여기서 우리는 오류를 발견한다(스피노자도 오류가 있을 수 있음을 인정한다). 이런 경우 1부 〈정리 29〉와 〈정리 31〉 주석에서 이미 밝힌 우연을 끌어들여 이 문제를 해결하고자 한다. 즉 자연 속에서 우연은 결코 존재하지 않기 때문에 인간 신체가 외부의 자극에 의해서 인간 정신으로 관념화되는 이유는, 실제 존재하는 사물이든 아니든 이 모든 것이 인과적으로 완벽하게 이미 결정되어 있기 때문이라고 주장한다(〈정리 31〉 본문).

아무리 스피노자가 1부의 우연성이나 인과성을 끌어와도 상상에 따른 표상에 오류가 있음을 부정할 수는 없다. 그래서 스피노자는 〈정리 32〉에서 신과 관련된 모든 관념은 참이라는 주장을 한다. 신과 관련된 관념이란 신 안에 있는 관념이고, 신 안에 있는 관념은 신의 정신과 관계하고 있기 때문에 완전하다. 신에서 시작된 모든 변용이나 양태는 신의 관념이 참이므로 모두 참이다. 그래서 관념 안에는 허위나 거짓이라 칭할 수 있는 어떤 관념도 존재하지 않는다(〈정리 33〉 본문). 이를 부정하고자 하는 사람은 오류나 허위를 구성하는 사유의 양태를 생각해 보면 금방 알 수 있다. 즉 오류나 허위에 대한 사유의 양태는 신 안에 결코 존재할 수 없다. 그렇다고 신 밖에서 파악되지도 않으며 존재하지도 않는다.

신의 정신은 일반적으로 완전한 반면, 인간 정신은 그렇지 못하다. 그 이유는 인간 신체가 외부의 자극을 모두 받아들이지 못하거나 상상에 따른 표상이 이루어지지 않기 때문이다. 그래서 오류와 허위가 생기는 것이다. 따라서 스피노자는 〈정리 35〉에서, 이 허위는 손상되고 혼란한 관념을 포함하는 인식이 결핍되어 생긴 것이기 때문에, '허위'라는 표현이 타당하지 않다고 주장한다. 하지만 신 안의 관념은 항상 타당하므로, 인간의 개별적인 정신과 관련되지 않는 한, 절대로 부당하거나 혼란하지 않다. 그러므로 부당하고 혼란한 관념이라 할지라도, 타당하고 명석 판명한 관념과 같은 필연성이 생기는 것이다(〈정리 36〉 본문).

모든 관념은 신 안에 있고, 그 관념이 신과 관련된 이상 참이며 타당하다. 만약 신의 관념이 인간 정신과 관련이 되어 있지 않다면 부당하지도, 혼란하지도 않다. 그러므로 타당한 관념이든 부당한 관념이든 모두 같은 필연성을 갖고 생긴다는 것이 스피노자의 주장이다. 이렇게 신의 정신과 인간 정신 사이에 허위와 오류가 있을지라도 그것은 신의 정신 안에서가 아니라, 인간 정신의 문제임을 스피노자는 한 번 더 강조하고 있다.

6. 인간 정신과 외부 사물의 공통된 관념과 공통 개념

인간 정신은 외부 자극에 의존하여 상상이나 상상에 따

른 표상으로 관념을 얻는 것이 일반적이다. 이런 관념에 오류가 있음을 인정한 스피노자는 그래도 참된 관념의 필요성을 느낀다. 그래서 그는 〈정리 37〉부터 인간 이성의 참된 관념을 위한 작업을 수행한다. 이때 스피노자는 먼저 공통된 관념이 있음을 주장한다.

모든 사물에는 부분적이거나 전체적으로 공통된 어떤 요소가 있지만, 이것이 각각의 물체의 본질을 구성하지는 않는다. 다만 이것은 모든 사물에 공통적으로 있기 때문에 부분이든 전체든 항상 같은 것으로 파악된다(〈정리 38〉 본문). 스피노자는 모든 사물에 공통적으로 있는 어떤 요소를 A라고 가정한다. 모든 사물에 공통적으로 있는 A는 사물의 부분에도 전체에도 똑같이 있다. 그런데 모든 사물에 공통적으로 있는 이 A가 얼마나 타당한가 하는 문제가 생긴다.

A의 관념은 인간 정신에 의해서 인식된 것이다. 신은 인간 정신을 구성하고 있으며, 신은 인간 정신 안에 있는 모든 관념을 소유하고 있다. 그래서 인간 정신은 A를 필연적으로 타당하게 인식한다. 그리고 스피노자는 여기서 모든 인간에게 어떤 관념이나 개념은 공통적으로 존재(〈정리 38〉

보충)하기 때문에 모든 사물에 공통적으로 있는 요소는 정당하고 적합하게 인식된다고 주장한다. 모든 사물에 공통적으로 있는 A가 무엇인지 정의하기는 쉽지 않지만, 스피노자는 〈정리 39〉 증명에서 이같이 정의한다.

첫째, 인간 신체와 외부 물체 일부에 고유하면서도 공통적으로 있는 것.
둘째, 인간 신체와 외부 물체에 똑같이 있는 것.
셋째, 이 외부 물체의 부분과 전체에 있는 것.

A와 같은 관념을 이렇게 세 가지에 모두 공통으로 있는 관념이라고 보고 있다. 그리고 스피노자는 이어서 이렇게 증명하고 있다. 먼저 인간 신체가 외부 물체로부터 혹은 외부 물체와 공통적으로 갖고 있는 관념으로부터 자극을 받는다고 가정하자. 이 자극에 따른 변용의 관념은 공통된 관념의 속성 내지 특성을 포함하게 된다. 이 변용의 관념이, 공통된 관념을 포함하고 있는 한, 그리고 신이 인간 신체의 관념을 변용하는 한, 신 안에서 타당하다. 그렇기 때문에 이 관

넘은 인간 정신 안에서도 적합하다. 이렇게 인간 신체가 외부 물체와 공통된 관념을 많이 가지면 가질수록 인간 정신은 이를 더욱 타당한 것으로 인식(〈정리 39〉 보충)하게 된다.

인간 정신 안에 타당하게 인식된 이 관념은 인간 정신 안의 타당한 관념이 되고, 따라서 인간 정신 안에 생기는 모든 관념도 타당하다는 것이 〈정리 40〉이다. 우리가 주장할 수 있는 것은 신이 무한해서도 아니고, 신이 많은 개체의 관념을 변용해서도 아니다. 단지 신이 인간 정신의 본질을 구성하는 한에서 신의 지성 안에 신을 원인으로 하는 관념이 있기 때문이다.

스피노자는 여기서 인간 정신과 외부 물체에 공통적으로 있는 관념과 공통Gemein으로 있는 개념Begriff으로 칭하는 '공통 개념Gemeinbegriffe'을 구별한다. 스피노자에게 있어서 공통 개념은 중세 스콜라철학 이후 일반적으로 이해되고 있는 보편개념과 같은 것으로 이해된다. 인간 정신과 외부에 모두 있는 공통된 관념과 공통 개념은 분명 다르다.

스피노자는 존재자das Seiende, 사물das Ding, 혹은 어떤 것 Etwas과 같은 선험적인 표현과 인간, 말, 혹은 개와 같은 일반적인 개념이 생겨난 원인이 크게 다르지 않다고 보고 있다. 2부 〈정리 17〉 이하에서 인간 육체가 인식할 수 있는 것은 한계가 있기 때문에 외부 자극에 대한 표상을 모두 인식할 수 없다. 그래서 인간 정신은 자신의 신체 안에서 정신과 신체가 동시에 표상되는 수 정도만 확실하게 인식할 수 있다. 만약 표상이 인간 정신 안에서 혼란에 빠지면 정신도 혼란에 빠져 표상을 구별하거나 차별화시킬 수 없게 된다. 이렇게 되면 인간 정신은 표상을 존재자, 사물, 혹은 어떤 것의 속성에 있는 그대로 포함시킬 것이다. 이렇게 하여 선험적인 표현이 생겨난다.

반면에 일반적인 개념은 조금은 비슷하지만 다르게 생겨난다. 인간을 예로 들어 보자. 사람은 피부색, 머리카락 색깔, 체격 등이 조금씩 다른 특징을 갖고 있다. 일반적으로 인간 정신은 표상의 수가, 표상의 능력이라 할 수 있는 표상력을 초과하지는 않는다. 그러나 만약 초과하게 된다면 인간 정신은 인간의 조금씩 다른 특징을 통해 인간을 인식할 것이다. 그러나 인간 정신은 이런 특징을 찾아 표상하기보다는 인간 전체가 갖고 있는 공통된 특징을 찾아 표상하게 된다. 그리고 인간 정신은 이렇게 공통되고 일치하는 인간의 특징을 갖춘 사람을 인간이라고 명명할 것이다. 그래서 어떤 사람은 직립보행에 특징을 두고 '인간이란 직립보행 하는 동물'이라 하고, 또 어떤 사람은 '웃을 수 있는 동물', '날개가 없는 동물', 혹은 '이성적 동물'이라고도 명명한다. 지금까지 수없이 많은 철학자가 인간을 공통된 특징에 따라 다르게 정의한 이유가 바로 여기에 있다.

이렇게 스피노자는 공통 개념이 개념을 정의하거나, 인간 정신이 대상을 관념하기에 불분명하다고 보았기 때문에 자신이 주장하는 공통된 관념과는 분명 다르다는 것을 강조하고 있다.

7. 제1종의 인식, 의견 혹은 표상

지금까지 인식의 문제를 설명한 스피노자는 〈정리 40〉 주석 2에서 자신이 설명한 인식을 셋으로 나눈다.

첫 번째 인식은 '막연한 경험의 인식Erkenntnis aus unsicherer Erfahrung'이다. 인간 정신은 외부의 물체를 인간 신체로 인식한다. 하지만 인간 신체는 감각을 통하여 사물을 인식하기 때문에 혼란하고 무질서하다. 이렇게 막연한 경험으로 인식된 것은 믿을 수 없다.

두 번째 인식은 '제1종의 인식Erkenntnis erster Gattung', '의견 Meinung' 혹은 '표상Vorstellung'이다. 이 인식은 공통된 관념 혹은 공통 개념으로 획득한 언어와 같은 인식이다. 즉 우리가 어떤 개념을 듣거나 읽을 때 생기는 관념과 같은 인식으로 사물의 개념이 우리에게 주는 관념을 말한다. 예를 들어서 '책상'이라는 개념을 듣거나 읽을 때 우리는 모든 사람이 같은 '책상'을 표상하는 것이 아니다. 각자 경험에 따른 '책상'을 표상하거나 의견을 말할 것이다.

세 번째 인식은 '이성Vernunft' 혹은 '제2종의 인식Erkenntnis zweiter Gattung'이다. 우리의 인간 정신은 사물에 대해서 '공통 개념'과 '타당한 관념adäquate Ideen'을 갖게 된다. 바로 여기서 얻은 인식이 바로 세 번째 인식인 이성이다.

그리고 이 세 가지 외에 '제3종의 인식Erkenntnis dritter Gattung' 이 있다고 보고 그것을 '직관지das intuitive(anschauende) Wissen'라 고 한다. 그리고 이 직관지의 우수성과 효용성에 대해서는

5부에서 언급하겠다고 〈정리 47〉 주석에서 설명하고 있다.

스피노자는 이 세 가지 인식을 수학의 비례식으로 설명하고 있다. 즉 비례식 '1:2=3:x'라고 했을 때, 우리는 어떻게 x를 구할 것인가. 어릴 때 수학의 비례식을 배웠고 지금 이 비례식의 답이 필요한 사람은 어릴 때 기억을 더듬어 계산하면 된다. 즉 'x=2×3÷1'이기 때문에 'x=6'이라는 것을 쉽게 구할 수 있다. 이것이 바로 첫 번째 인식인 '막연한 경험의 인식'이다. 그런가 하면 두 번째 인식인 제1종의 인식이나 표상을 갖고 있는 사람은, 수학적 지식을 배운 이후 계속 사용한 사람으로, 비례 법칙에 대한 근본적이고도 완벽한 원리를 갖고 있는 경우이다. 마지막 세 번째 인식인 직관지를 가진 사람은 '1:2=3:x'와 같은 간단한 비례 법칙을 암산에 능한 사람이 암산하듯 보는 순간 직관적으로 그 답을 찾아낼 수 있다. 그리고 복잡한 비례 법칙이 주어졌다고 할지라도 직관지를 가진 사람은 첫 번째 수인 1과 두 번째 수인 2의 관계를, 바로 세 번째 수인 3과 x의 비례 관계로 연결시킬 수 있는 능력을 갖고 있다.

앞서 감각적인 인식에는 오류가 따른다고 했다. 그래서

첫 번째 종류의 인식은 당연히 오류가 있다. 하지만 나머지 두 가지 종류의 오류에서 인식은 필연적으로 참이라는 것이 스피노자의 주장이다. 〈정리 41〉에서 그는 막연한 경험의 인식에, 타당하지 못하거나 혼란한 모든 관념이 속한다고 설명하고 있다. 바로 이런 타당하지 못하거나 혼란한 관념이 오류의 원인이 된다. 반면 표상이나 이성과 같은 인식에는 항상 타당한 여러 관념이 속하기 때문에 필연적일 수밖에 없다.

바로 이 두 번째와 세 번째 인식만이 우리로 하여금 참과 거짓을 구별할 수 있게 한다. 참과 거짓에 대한 관념을 갖고 있는 사람만이 둘을 구별할 수 있기 때문이다. 반대로 관념을 갖지 못한 사람은 표상이나 이성과 같은 인식으로 참과 거짓을 구별해야만 참인지 거짓인지 알 수 있다. 그리고 인간 정신은 참된 관념을 소유하는 순간, 자신이 참된 관념을 소유하고 있다는 사실을 알게 되며, 그 인식이 참이거나 진리라는 사실을 더 이상 의심하지 않게 될 것이다. 스피노자는 이 사실을 이미 여러 차례 설명하였고, 〈정리 43〉 증명에서 같은 내용을 다시 설명하고 있다. 즉 인간 정신 안의 참된 관념은 신이 인간 정신의 본성을 통해 설명하는 것이기 때문에 신 안에서 타당한 관념일 수밖에 없다.

〈정리 43〉 증명의 이 주장은 다음 두 가지 의미를 동시에 갖고 있다. 하나는 인간 정신은 신 안에 있는 인식을 그대로 인식한다는 것이다. 그리고 다른 하나는 인간 정신을 인식하는 것은, 신이 인식하고 있는 것을 그대로 인식한다는 것이다. 인간 정신 안의 참된 관념이란 곧 신 안에 있는 관념이기 때문에 참이 될 수밖에 없다. 〈정리 43〉 주석에서 스피노자는 참된 관념에 대한 정의를 좀 더 정확하게 하고 있다. 참된 관념은 신 안에 있고, 인간 정신은 바로 그 참된 관념을 갖기 때문에, 참된 관념을 인식한 사람은 누구나 이것이 최고로 확실한 관념이라는 것을 안다.

그렇기 때문에 참된 관념을 가진 사람은 외부 사물을 완전히, 그리고 가장 잘 인식한다. 바로 이 참된 관념이 진리를 구별하는 표준Norm이 된다. 약간은 모순처럼 보일지 모르지만, 진리가 곧 진리와 허위를 구별하는 표준이 되듯이, 참된 관념이 참과 거짓 관념을 구별하는 표준이라고 스피노자는 보고 있다. 이런 측면에서 인간 정신이 참된 관념을 가지는 것과 거짓된 관념을 가지는 것이 분명히 구별된다. 뿐만 아니라 참된 관념을 가진 사람이 거짓된 관념을 가진 것보다 실재성이나 완전성에 있어서 우월하다. 그래서 참된 관념을 가진 사람은 외부 사물과 동일한 관념을 갖게 됨으로써 외부 사물을 참된 것으로 지각할 수 있다. 이때 인간 정신은 신의 무한한 지성의 일부가 되는 것이다.

인간 정신은 두 번째 인식을 통해 외부 사물을 있는 그대로 참으로 인식한다. 즉 우연이 아니라 필연으로 인식한다. 사물을 우연이 아니라 필연으로 인식하는 것은 '이성의 본성Natur der Vernunft'이기 때문이라고 스피노자는 〈정리 44〉에서 주장하고 있다. 인간 정신은 과거의 표상을 통해 우연히 미래를 인식하기 때문이다. 스피노자는 여기서 한 가지 예를 들어 표상만이 우연으로 고찰된다고 설명하고 있다.

어떤 소년이 아침에 처음으로 베드로를 보고, 점심에 역시 처음으로 바울을 보고, 저녁에는 역시 처음으로 시몬을 봤다고 가정하자. 그리고 그 소년이 다음 날 아침 다시 베드로를 봤다. 다음 날 아침 이 소년이 새벽빛을 보게 되면 하루가 다시 시작된다는 것을 표상하게 될 것이다. 그리고 아침에는 베드로를, 점심에는 바울을 다시 표상하게 될 것이다. 뿐만 아니라 시몬을 미래 시간인 저녁에 연결시켜 표상할 것이다. 이런 표상은 같은 인물을 같은 시간에 자주 보면 볼수록 더 확고해질 것이다. 그런데 어느 날 소년이 저녁에 시몬이 아닌 야곱을 보았다면, 다음 날 저녁 소년은 시몬과 함께 야곱을 표상할 것이다. 그러나 시몬과 야곱을 동시에 만난 적은 없기 때문에 두 사람을 동시에 표상하지 않고, 둘 중 한 사람만 표상할 것이다. 바로 여기서 우리는 '둘 중 어떤 사람이 나타나는 것을, 우리 정신이 더 확실하게 표상할 수 있는가' 하는 질문을 할 수 있다. 그러나 현재의 관점에서 과거나 미래의 출현은 어느 것도 확실한 것이 없다. 그러므로 인간 정신은 외부 사물을 표상할 때 시간에 관계없이, 우연한 것으로 표상한다. 왜냐하면 외부 사물을 어떤 영원한 상Gesichtspunkt der Ewigkeit 안에서 지각하는 것은 이성의 본성(〈정리 44〉 보충 2)이기 때문이다. 그리고 이 이성의 본성은 사물을 우연이 아니라 필연으로 고찰한다. 이성이 사물을 필연적으로 고찰하는 것은 사물을 있는 그대로 고찰한다는 뜻이며, 사물의 필연성은 다른 면에서 신의 무한한 본성의 필연성 그 자체이기도 하다. 그렇기 때문에 스피노자는 사물을 영원한 상 안에서 고찰하는 것이, 곧 이성의 본성에 속한다고 보았다.

마지막으로 스피노자는 제1종의 인식인 의견이나 표상이, 외부 사물을 신 안에 있는 것과 동일한 것으로 나타낼 수 있는 이유에 대해 〈정리 45〉부터 설명하고 있다. 스피노자는 외부 사물에 대한 관념은 신의 무한한 본질 속에 필연적으로 포함되어 있다고 주장한다. 외부 사물의 관념에 사물의 본질이 포함되어 있는 것은 당연하다. 그런데 이 외부 사물의 개체는 신 없이는 파악될 수 없다. 그리고 개체는 시간의 경과에 따라, 혹은 변화에 따라 양태로 파악된다. 이렇게 양태로 파악되는 각각의 물체라 할지라도 그 본질은 신의 속성을 갖고 있기 때문에, 개체의 관념도 필연적으로 신의 영원하고 무한한 본질을 속성으로 갖는다.

외부 사물에 대한 개체의 관념에는 신의 무한하고 영원한 본질이 포함되어 있다고 인식하는 것은 타당하다. 인간 정신은 자신의 신체를 지각하고, 외부 사물이 실질적으로 존재한다는 것도 지각하는 관념을 갖고 있다. 왜냐하면 인간 정신은 이러한 신의 무한하고도 영원한 본질에 관한 인식을 당연히 갖고 있기 때문이다. 즉 인간 정신이 모든 사물을 신 안에 있는 그대로 관념할 수 있는 것은 영원성과 무한성 때문이다. 인간이 제2종의 인식을 갖는다는 것은, 인간 정신이 신의 본질인 영원성과 무한성을 인식한다는 것으로 증명되었다. 이렇게 인간 정신이 모든 것을 신 안에서 지각하고 관념으로 파악할 수 있기 때문에 신을 인식하는 것은 곧 모든 것을 파악하는 것과 같다. 그리고 인간이 신의 인식에 많은 타당한 인식을 끌어냈기 때문에 '제3종의 인식'인 직관지가 형성된다는 것이 스피노자의 주장이다.

8. 인간 정신 안의 자유의지

인간 정신 안에는 무엇이든 자유롭게 선택할 수 있는 자유로운 의지, 즉 '자유의지freier Wille'가 존재할까? 스피노자는 〈정리 48〉에서 인간 정신 안의 자유의지를 부정하고 있다. 인간 정신은 오히려 다른 것에 의지하게 만드는 어떤 원인에 의해서 결정된다. 하지만 이 원인도 자신의 자유의지에

의해서 결정되는 것이 아니라 또 다른 원인에 의해서 결정
되며, 이 원인 또한 다른 원인에 의해서 결정된다. 이렇게
인간 정신의 자유의지는 무한히 진행되는 어떤 원인, 즉 인
과법칙에 의해서 결정된다. 하지만 인간 정신은 이렇게 무
한한 인과법칙에 의해서 인간의 자유의지가 '결정되고' 있
다는 것을 알지 못한다. 그래서 인간은 스스로 자유의지가
있다고 믿고 행동한다.

스피노자의 말에 따르면, 인간에게는 자유의지가 없기
때문에 인간 정신 안에는 관념 안에 내포하고 있는 의지 작
용인 긍정이나 부정이 있을 수 없다. 스피노자는 이를 설명
하기 위해서 삼각형 내각의 합을 예로 들고 있다. 인간 정
신은 삼각형 내각의 합이 180°라는 이 정의를 긍정한다. 그
런데 이 정의를 긍정하는 인간의 사유 양태를 살펴보면 이
렇다. 즉 삼각형 내각의 합이 180°라는 정의는 곧 삼각형의
속성 혹은 본질이다. 삼각형 내각의 합이 180°라는 정의는
삼각형의 관념 없이는 파악되지 않는다. 그래서 삼각형 내
각의 합이 180°라는 정의의 긍정은 삼각형의 개념이나 관
념 없이 있을 수도 없고, 파악될 수도 없다. 바로 이런 측면

에서 스피노자는 인간 정신이 의지를 갖든, 갖지 않든 절대적인 자유의지는 없다고 주장한다.

자유의지가 없다는 스피노자의 주장에 대해 반대 의견도 많다. 스피노자도 이것을 잘 알고 있다. 그래서 그는 〈정리 49〉에서 예상 반론을 제기한다. 먼저 자유의지가 있다고 주장하는 사람에게, 스피노자는 〈정리 49〉 보충과 증명에서 의지는 개별적인 의지 자체로 보고, 지성은 개별적인 관념 자체로 보기 때문에 결국 의지와 지성은 동일하다고 주장한다.

자유의지가 있다고 주장하는 사람들은, 의지가 지성보다 그 범위가 넓기 때문에 둘은 서로 다르다고 본다. 왜냐하면 인간 정신으로 외부 사물을 경험한다는 것은 한계가 있기 때문이다. 그것은 인간 정신이 현재 가진 능력보다 더 큰 사물에 대한 인식 능력을 필요로 한다. 그리고 지성은 유한한 반면, 의지는 무한하기 때문에 지성과 의지는 결코 같을 수 없다고 주장한다.

하지만 스피노자는 이에 대해서 다음과 같이 부정한다. 인간 정신이 더 큰 인식 능력을 필요로 하는 이유는, 경험으로 할 수 없는 더 많은 지각을 하고자 하기 때문이다. 또한, 우리는 지성을 명석하고 판명한 개념으로만 이해하고 의지가 지성보다 더 넓은 범위를 갖고 있다고 생각한다. 하지만 스피노자는 그렇게 보지 않는다. 우리가 지각해야 할 것이 아무리 많다고 해도 하나씩 차례로 인식해야 하고 무한히 많은 경험도 결국 하나씩 순차적으로 지각해야 한다. 인간이 경험으로 지각할 수 없는 것이 무한히 많다고 가정하자. 이 무한한 것은 인간의 지성이든, 의지든 결코 지각할 수 없는 것이다. 이런 관점에서 인간의 지성이나 의지는 결코 무엇이 더 광범위하다고 할 수 없이 동일하다.

두 번째 반론은 지성과 의지의 범위에 대한 판단을 보류하는 것이다. 즉 정확하게 무엇이 무엇보다 더 광범위하다는 것을 알지 못하고 결론을 내리는 것보다는, 판단 자체를 보류하는 것이 옳다는 주장이다. 이에 대해서도 스피노자는 강하게 부정한다. 무엇이든 정확하게 알면 결코 판단을 보류할 필요가 없다. 예를 들어 페가수스pegasus를 표상하는 어린이가 있다고 생각해 보자. 페가수스는 날개 달린 말이기 때문에 이 어린이가 말의 존재를 부정하지 않는 이상,

페가수스가 무엇인지 잘 몰라도 페가수스의 표상을 부정할 필요가 없다. 이 어린이는 말의 존재를 부정할 아무런 이유를 찾지 못한다. 만일 페가수스의 존재에 대한 의심을 갖고 있지만, 말의 관념과 날개의 관념을 긍정한다면, 날개 달린 말의 표상을 긍정하거나 부정할 수 있다. 그렇기 때문에 어떤 경우에도 판단을 보류할 필요가 없는 것이다.

14세기 프랑스의 스콜라철학자인 뷔리당Jean Buridan(1300?-1358?)은 당나귀의 평행이론을 가지고 스피노자의 자유의지를 부정한다. 한 마리의 당나귀가 똑같은 거리에 있는 사료를 앞에 두고 서 있다. 당나귀는 자유의지가 없기 때문에, 어떤 쪽의 사료도 먹지 못하고 결국 굶어 죽는다. 만약 인간 정신에 자유의지가 없다면, 뷔리당의 당나귀처럼 평행 상태에 있을 때는 어떻게 될 것인가 하는 의문을 제기한다.

스피노자는 여기서도 전혀 문제가 없다고 주장한다. 스피노자는 인간은 당나귀처럼 이성이 없는 동물이 아니라고 말한다. 만약 인간이 당나귀처럼 같은 거리에 있는 음료수나 음식을 두고 자유의지가 없기 때문에 고르지 못하고 굶어 죽는다면, 그것은 이성을 가진 동물이 아니다. 인간은 이성이 있기 때문에 아무리 같은 거리에 음료나 음식이 있다고 해도 그것 외에 다른 상황을 종합적으로 지각하여 무엇을 먹을지 결정을 내릴 수 있다.

이렇게 스피노자는 인간에게 자유의지가 있다고 주장하는 사람들의 생각을 반박한 다음, 자유의지가 없어서 생기는 유용성에 대해 네 가지를 설명하면서 2부를 마무리 짓는다.

- 인간 정신에 자유의지가 없다는 이 이론은 인간이 신의 명령으로만 행동하며 신적 본성에 참여한다는 장점이 있다. 그리고 오히려 인간의 행동을 더 완전하다고 설명하고 있으며, 인간이 신을 인정하면 할수록 이 이론은 더 분명해지기 때문에, 인간의 행복이나 복지가 어디에서 성립되는지 가르쳐 준다.

- 이 이론은 운명이 인간의 손안에 없다는 것을 가르쳐 주는 것이기 때문에, 인간이 어떻게 행동해야 하고 어떤 태도를 취해야 하는지를 가르쳐 준다.

- 이 이론은 공동생활을 하는 모든 사람에게 공통으로 적용

되기 때문에, 인간 사이에서 일어날 수 있는 경멸, 증오, 조롱, 분노, 시기 등의 갈등을 일으켜선 안 된다는 것을 가르쳐 준다.

• 마지막으로 이 이론은 국가 공동체에 기여할 수 있다. 시민을 노예처럼 복종시키지 않고 시민에게 자유로운 동기를 부여하여 국가 공동체에 도움을 얻으려는 지도자는, 이 이론을 통해 통치 방법과 지도 능력을 얻게 될 것이다.

4장
정서의 기원과 본성에 대하여

　스피노자가 『윤리학』 2부 「행복에 대하여」에서 가장 많이 다룬 내용은, 모든 외적 사물은 무한하고 영원한 존재인 실체로부터 필연적으로 나온다는 것이다. 이를 설명하기 위해서 스피노자는 인간 정신과 인간 육체의 문제를 다루었다. 인간 정신에 관념화되는 것은 인간 육체의 외부 자극에 의해서 이루어진다. 그래서 우리는 인간 정신과 인간 육체 사이에 많은 오류가 있음을 알게 되었다.

　이런 오류에도 불구하고 스피노자는 분명히 하나의 실체만을 인정하고 있다. 그런데 이 실체는 정신적 측면인 관념과 물질적 측면의 양태인 물체를 갖는다. 그리고 이 실체는 인간 정신 속에 있다. 그래서 인간 안에는 인간 정신의 측면인 관념과 인간 육체의 측면인 양태가 있다. 이런 스피노자의 주장은 이원론적인 사고임은 분명하다.

특히 마지막 부분에서 스피노자는 자유의지가 없다고 정당화한다. 바로 이 정당화에서 우리는 자유의지를 인정한 데카르트와 스피노자의 차이를 발견할 수 있다.

3부 「정서의 기원과 본성에 대하여」에서는 2부와 조금 다른 내용이 이어진다. 3부 제목의 '정서'에 해당하는 라이프니츠의 용어는 'affectus'다. 이 용어를 독일어로 'Affekt'라고 번역하였고, 윤리학적 용어에 맞게 과거에는 '감정'이라고 번역하여 사용했다. 요즘은 보다 넓은 의미로 '정서'라는 용어를 사용하는 것이 일반적이다. 특히 3부에서 스피노자는 윤리학의 기본적인 문제에 대한 근본적인 문제와 답을 제시하고 있다. 특히 윤리학의 기본 용어인 정서에 관해 논의함으로써 윤리학을 본격적으로 설명하는 것으로 보인다.

1. 3부의 〈정의〉와 〈요청〉

스피노자는 3부에서 정서에 대한 기원과 본성에 대한 논의를 하기 전에 먼저 〈정의〉를 설정한다. 3부 〈정의〉의 가장 기본은 인과문제다. 3가지 〈정의〉를 요약하면 다음과 같다.

정의:

· 인과문제에서 중요한 것은 원인과 결과다. 무엇이든 분명한 원인에서 확실한 결과가 나온다면, 이 인과문제는 명석 판명하다. 하지만 그렇지 않은 경우도 있다. 원인이 타당한 원인과 타당하지 않거나 부분적인 원인, 이렇게 두 가지로 나누어지기 때문이다. 타당한 원인은 명석 판명한 인과문제의 원인일 것이다. 즉 어떤 결과가 그 결과를 도출하게 한 원인에 의해서 분명하게 지각될 수 있는 경우다. 하지

만 어떤 원인의 결과가 그 원인 자체로 이해되지 않을 경우가 있다. 이것이 바로 타당하지 않거나 부분적인 원인이다.

- 그렇다면 타당한 원인과 그렇지 않은 원인은 어떤 차이가 있을까? 스피노자는 우리의 본성을 '작용을 하느냐handeln'의 능동적인 것과 '작용을 받느냐leiden'의 수동적인 것으로 나눈다. 어떤 타당한 원인이 우리의 내·외부에 생길 때, 스피노자는 '우리가 작용한다wir handeln'고 말한다. 이는 곧 우리의 본성만으로 내·외부에 생긴 어떤 것을 능동적이고 명석 판명하게 이해하는 것을 말하며, 바로 '우리가 작용'하는 경우라고 할 수 있다. 반면 타당하지 않거나 부분적인 원인에 의해서, 어떤 것이 우리의 내·외부에 일어나게 하는 본성은 수동적으로 '우리가 작용받는다wir leiden'고 스피노자는 주장한다.

- 정서란 우리 신체 능력을 증가시키거나 감소시키는

역할을 담당한다. 정서란 신체 활동 능력을 촉진,
혹은 저해하는 외부 자극을 의미하거나 외부 자극
의 관념을 의미한다. 만약 우리가 이런 외부 작용의
어떤 타당한 원인이 된다면, 이런 정서는 능동이며,
타당한 원인이 되지 않는 경우에는 수동이다.

이상 세 가지 〈정의〉를 중심으로 스피노자는 다음과 같
은 두 가지 〈요청〉을 한다. 3부가 나머지 다른 네 개 부와
다른 것이 있다면 〈공리〉 대신에 〈요청〉이란 개념을 사용
했다는 것이다. 두 가지 〈요청〉을 요약하면 다음과 같다.

요청:
• 인간 신체는 활동 능력을 증가시키거나 감소하는
  방법을 통해 자극받을 수도 있고, 반대의 방법을 통

해 자극을 받을 수도 있기 때문이다.

• 인간 신체가 사물의 표상을 갖고 있는 이유도, 인간 신체의 활동 능력에 많은 증가나 감소가 이루어졌고, 그를 통해 외부 사물에 대한 인상이나 흔적이 생겼기 때문이다.

2. 타당한 원인과 능동적 작용

〈정의〉에서 보여 주듯이 스피노자는 정서의 문제를 논하면서 가장 먼저 타당한 원인과 그렇지 못한 원인을 나누었다. 그리고 그것을 나누는 방법은 인과관계를 통해서이며, 그 결과는 능동이냐 수동이냐로 나뉜다. 이상의 내용만 놓고 본다면 인간 신체의 정서는 결국 인과관계를 통해 타당한 원인과 그렇지 않은 원인이 나오고, 이를 바탕으로 적극적이냐 그렇지 못하냐라는 판단은 능동과 수동에 의해서 결정되는 것이다.

인간 정신은 때에 따라서는 작용을 하는 능동이지만, 또 어떤 경우에는 작용을 받는 수동이다. 인간 정신은 인간 신체에 가해진 외부 자극에 근거하여 어떤 관념을 갖는다. 이 관념은 어떤 경우에는 타당하지만 그렇지 않을 때도 있다. 이때 오류가 발생한다. 하지만 신 정신은 이런 타당하지 않은 관념까지도, 자신의 정신 안에서 필연적으로 타당한 관념으로 만든다. 그리고 이렇게 타당하게 된 관념을 바탕으로 타당한 결과를 도출해 낼 수밖에 없다. 그렇기 때문에 신은 타당한 결과에 대한 타당한 원인이라고, 스피노자는 〈정리 1〉에서 주장한다.

그리고 신이 인간 정신 안에서 타당한 관념으로 어떤 결과의 원인이 된다면, 이 인간 정신은 타당한 원인이 된다. 바로 이때 인간 정신은 타당한 관념을 갖기 위해 필연적으로 능동적인 작용을 한다. 하지만 인간 정신이 자신의 정신 외에 다른 사람의 정신까지도 갖고 있는 경우에는, 신 안의 타당한 관념에서 생겨나는 모든 것이 인간 정신의 타당한 원인이 될 수 없다. 그것들은 부분적인 원인일 뿐이다. 그러므로 인간 정신이 타당한 관념을 가질 경우에는 능동적

인 작용을 하고, 타당하지 못한 관념을 가질 경우에는 필연
적으로 수동적인 작용을 받게 된다.

〈정리 1〉에서 우리는 인간 정신의 능동성과 수동성에 따
라 타당한 원인과 관념이 생김을 보았다. 그리고 〈정의 2〉
에는 인간 본성으로부터, 인간 정신은 능동적이나 수동적
으로 행동한다는 것을 알았다. 결과적으로 인간 정신은 신
의 정신의 필연적인 결과이기 때문에 능동적인 작용을 하
지만, 인간 신체는 외부 자극에 따라 상태가 불분명하기 때
문에 수동적으로 작용을 받는 경우가 많다. 하지만 인간 정
신이든 육체든 공통 관념을 만들기에는 충분하기 때문에,
결국 이 관념은 타당한 관념으로, 인간 정신은 수동적인 작
용을 받기보다는 능동적으로 작용한다. 인간 정신이 외부
로부터 수동적인 작용을 받는 이유는 인간 정신보다 외부
사물의 관념에 더 의존하기 때문이다. 인간 정신은 능동적
일수록 타당한 관념을 더 많이 생산해 낼 수 있다. 그래서
스피노자는 〈정리 3〉에서 인간 정신의 능동성은 타당한 관
념에서 생겨나지만, 인간 정신의 수동성은 오직 타당하지
않은 관념에 의존한다고 서술한다.

스피노자는 타당한 원인에 관한 논의를 더 전개시키기 전에 한 가지를 분명하게 하고 있다. 3부 〈정리 2〉는 스피노자가 이원론자가 아닌가 하는 의심을 하게 한다. 하지만 2부에서는 분명 물체와 정신은 하나라는 평행이론으로 일원론을 주장했다. 3부 〈정리 2〉에서 스피노자는 인간 신체는 인간 정신을 사유로 결정할 수 없을 뿐 아니라, 인간 정신도 인간 신체를 운동이나 정지, 혹은 다른 어떤 것으로도 결정할 수 없다고 주장하고 있다. 즉 〈정리 2〉는 인간의 정신적인 것과 신체적, 혹은 물리적인 것에는 어떤 인과관계도 성립하지 않는다는 의미로 해석되기 때문이다.

스피노자는 〈정리 2〉 증명에서 인간 사유의 모든 양태는 신의 사유의 결과이기 때문에, 신에게 모든 원인이 있다고 한다. 이런 관점에서 인간 정신을 사유로 결정하는 것은 사유의 양태이지, 인간 신체의 양태는 아니다. 그리고 인간 신체에 관련된 모든 운동은 다른 물체에 의해서 수동적으로 일어난다. 그리고 이 다른 물체란 또 다른 물체의 운동에 의해서 수동적으로 결정된 그런 물체다. 이렇게 인간 신체 안에서 일어나는 모든 것은 신의 사유가 아니라, 물체의

어떤 양태로 변용된 것으로 보이는 신으로부터 생성되어야
한다. 인간 신체에서 일어나는 모든 것은 사유의 양태인 정
신에서 생성될 수 없고, 인간 신체는 인간 정신을 어떤 방
법으로도 결정할 수 없다.

스피노자가 주장한 〈정리 2〉 증명에서 본 것처럼 인간 정
신과 신체는 결코 하나가 될 수 없는 것처럼 보인다. 하지
만 우리가 여기서 스피노자의 물체와 정신의 평행이론을
염두에 둔다면, 인간 정신이나 인간 신체는 하나의 실체 안
에 존재하게 된다. 사유와 연장의 양태는 결국 하나의 실체
에서 나온 두 가지 방법에 불과하다. 스피노자의 일원론은
결국 인간 정신과 인간 신체가 각각 다른 이원론적 존재가
아니라, 인간 정신과 인간 신체는 하나이면서 동일한 실재
로, 서로 다른 표현으로 사용된 일원론인 것이다.

〈정리 2〉 주석에서 스피노자는 정신과 신체는 같다는 것
을 분명히 밝히고 때에 따라서 사유의 속성 아래서 밝혀지
거나, 연장의 속성 안에서도 밝혀진다고 주장한다. 자연이
인간의 사유나 연장 중 어떤 속성 아래에서 파악되든 사물
의 질서나 그 연결 상태는 하나이며, 인간 신체의 능동적

또는 수동적인 질서도 인간 정신의 능동성이든 수동성의 질서와 일치한다.

이렇게 물체와 정신의 평행이론에 따른 인간 정신과 인간 신체는 분명 일원론적이다. 하지만 인간 신체가 어떤 것도 할 수 없고, 무엇을 할 수 있는지에 대한 어떤 연구도 제대로 이루어지지 않았기 때문에, 일반적으로 인간 신체는 인간 정신의 명령에 따른다고 믿어지고 있다. 즉 인간 신체의 운동은 인간 정신의 의지나 사고에만 의존하고 있다는 것이 일반적이다. 스피노자는 인간 신체의 연구가 부족한 것에 대해 몽유병 환자를 예로 들었다. 우리는 몽유병 환자가 깨어 있는 동안 하지 못하는 많은 행동을, 잠을 자는 동안 행하는 현상에 대해 설명할 수 없다. 이 사실이 바로 인간 신체에 대한 인간의 지혜가 부족함을 보여 주는 증거다.

타당한 원인과 정신-신체의 일원론적인 관계로 다시 돌아가면, 인간 정신이든 신체든 결국 신의 정신으로부터 나오는 인과관계가 성립하게 된다. 스피노자는 〈정리 2〉에서 일원론을 확립한 다음, 〈정리 3〉에서 다시 타당한 원인과 능동성에 대한 얘기를 이어간다. 즉 인간 정신의 능동성은 타당한 관념에서만 생기고, 수동성은 타당하지 않거나 부족한 관념에만 의존하여 생긴다는 것이 스피노자의 생각이다.

인간 정신의 본질을 구성하는 가장 첫 번째는 외부 물체와 처음으로 접촉하는 인간 신체의 관념이다. 그런데 이 신체 관념은 복합적으로 구성되어 있어서 오류가 많다고 했다. 인간 정신을 구성하는 이 모든 본성이 인간 정신의 관념을 만들기 때문에, 결국 타당한 관념과 그렇지 않은 관념이 동시에 생겨난다. 하지만 〈정리 1〉에서 인간 정신이 타당하지 않은 관념을 지니면 필연적으로 어떤 작용을 받는다고 했다. 그래서 스피노자는 〈정리 3〉과 증명에서 인간 정신의 능동성은 타당한 관념에서만 생기고, 타당하지 못한 관념을 지닐 때만 수동성이 생긴다고 주장하고 있다.

3. 본성을 지키려는 노력

신의 무한하고 필연적인 능력에 따라 유한한 양태는 실존하게 된다. 이때 정신은 사유를 통해 나타나며, 물체는 연장에 의해 스스로를 나타낸다. 따라서 모든 정신은 사유를 통해, 무한하고 필연적인 신의 능력을 따라 유한한 양태를 실재하게 만든다. 모든 물체 또한 연장을 통해 같은 방식으로 실재한다. 그런데 이 유한한 실재 자체는, 무한하고 필연적인 신의 능력으로부터 부여받은 유한한 능력을 갖고 존재한다. 즉 모든 유한한 실재는 스스로 자신에게 부여된 능력이 유지되고 있다는 것이다. 만약 유한한 실재에게 부여된 능력이 유지되지 않는다면, 이 실재는 다른 실재가 되고 만다. 스피노자는 이렇게 유한한 실재가 스스로 자신에게 부여된 능력을 유지하려는 것이 '노력Streben' 때문이라고 설명하고 있다.

3부 〈정리 4〉에서 〈정리 10〉까지는 바로 유한한 실재가 다른 실재로 변하거나 바뀌지 않도록 하기 위한 보존 노력에 대한 설명이다. 즉 각각의 실재는 자신 안에 존재하는 한, 자신의 존재 안에 남아 있으려고 노력한다(〈정리 6〉 본문). 그리고 각각의 실재가 자신의 존재 안에 머물고자 하는 노력은 현실적인 본질에 불과하다(〈정리 7〉 본문).

각각의 실재는 본질에 따라 정의되었기 때문에 그것을

정의할 때 우리는 사물 그 자체를 있는 그대로 긍정적으로 받아들여 정의하며, 결코 부정적으로 정의하지 않는다. 그러나 사물이 파괴되는 것은 외부의 원인 때문이다. 따라서 사물 자체만 주의하면 어떤 경우에도 외부의 원인에 의해서 파괴되지 않는다(〈정리 4〉 본문). 사물 내에 다른 본성이 있을 경우 사물이 파괴될 수도 있지만, 다행히 한 주체 안에 자기 본성을 파괴시킬 다른 본성은 존재하지 않는다. 바로 이것이 사물 스스로가 본성을 지키려는 노력이다.

신의 속성이 어떤 일정한 방식이나 방법을 통해 표현된 양태가 바로 실재 혹은 사물이다. 그래서 실재가 '존재한다'는 것은 스피노자에게는 곧 신이 존재한다는 의미다. 즉 신이 활동하여 보여 준 능력의 결과가 일정한 표현 방식으로 나타난 것이 실재다. 그렇기 때문에 어떤 실재도 스스로 자체적으로 파괴될 수 없다. 실재는 스스로 파괴되거나 제거되는 일에 대해 대항하는 힘을 갖고 있다. 신 활동의 결과라고 할 수 있는 실재는 가능한 자신의 존재 안에 남아 있으려 노력한다고 스피노자는 〈정리 6〉 증명에서 밝히고 있다.

스피노자는 〈정리 7〉과 증명에서 이런 노력이 실재의 현실적인 본질이기 때문에 가능하다고 말한다. 각각의 실재에서는 여러 가지 것들이 필연적으로 생기는데, 필연적으로 생긴 것은 그 용도에 맞는 일 외에는 어떤 일도 할 수 없다. 물론 이렇게 필연적으로 생긴 것은 혼자 능력을 발휘하기도 하지만, 필요하면 다른 것과 힘을 합쳐 능력을 발휘한다. 그중 하나가 바로 본성을 지키려는 노력이다. 이 노력은 현실적인 본질일 뿐이다.

외부의 영향 외에는 결코 파괴되지 않는, 신 활동의 결과인 실재는 유한할까, 무한할까? 실재는 자신 속에 스스로를 파괴하는 다른 본성을 만나지 않는 한, 파괴되지 않으며 본성을 유지하려는 무한한 노력도 하고 있다. 이런 관점에서 실재는 무한하다.

이어서 스피노자는 〈정리 9〉 주석에서 노력과 의지Wille, 충동Trieb 그리고 욕망Begierde을 구별한다. '의지'는 본성을 지키려는 노력이 정신에만 국한될 때를 의미한다. 그리고 '충동'은 본성을 지키려는 노력이 정신과 신체에 동시에 나타날 때를 뜻한다. '충동'은 스스로를 유용하게 유지하기 위해 나타나는 것으로, 인간의 본질과 같다고 할 수 있다. 스피노자는 '욕망'이란 의식Bewußtsein을 동반한 충동이라고 한다. 그래서 욕망은 스스로의 충동을 의식하는 한 인간에게 관계하기 때문에 충동과 차이가 있는 것이다. 이상의 사실을 바탕으로 볼 때 사람은 선이라고 판단되는 것을 얻으려 노력하고, 의지하고, 충동을 느끼거나 욕구하는 것이 아니라, 반대로 노력하고, 의지하며, 충동을 느끼고, 욕구를 갖는 상태를 선이라고 판단한다는 것이 스피노자의 주장이다.

실재 속에는 스스로를 지키려는 노력이 있기 때문에 외부의 영향을 받지 않는 한 파괴되거나 소멸되지 않는다. 인간 신체도 마찬가지로 인간 신체를 파괴하거나 소멸시키려는 그 어떤 것도 신체 안에 존재하지 않는다. 신 정신이 인간의 정신을 소유하는 한, 신의 관념에는 인간 신체를 파괴하는 어떠한 것도 존재하지 않는다. 그리고 인간 정신을 구성하고 있는 본질의 첫째가 현실적으로 존재하는 인간 신체의 관념이다. 이런 관점에서 스피노자는 〈정리 10〉에서 인간 신체를 인정하는 인간 정신이야말로 첫 번째로 중요한 노력이라고 한다. 그러므로 우리 인간 정신의 존재를 부정하거나 파괴하는 그 어떤 관념도 인간 정신 안에서는 존재할 수 없다. 인간 정신의 존재를 부정하는 관념은 오히려 인간 정신에 반대하는 관념이기 때문이다.

이렇게 스피노자는 3부 〈정리 4〉에서 〈정리 10〉까지 본성을 지키려는 노력에 대한 내용을 다루고 있다. 정신의 이런 노력에 의해서 실재는 외부의 영향에 의해서 파괴되거나 소멸되지 않는 한, 자기 보존 본능과도 같은 능력을 발휘하며 무한한 시간 속에 남아 있으려 한다. 이런 노력이야말로 실재를 지키는 가장 중요한 요소다.

4. 세 가지 기본 정서 — 기쁨, 슬픔, 그리고 욕망

스피노자는 3부에서 윤리학의 가장 기본적인 용어를 정서로 택하고 그 기원과 본성에 대해서 살펴보고 있다. 〈정의 3〉에서 정서란 우리 신체 능력을 증가시키거나 감소시키는 역할을 담당한다고 했다. 인간 신체의 능력은 평생 증대되기도 하지만 감소하기도 하면서 변한다. 인간 신체가 평생 좋은 쪽으로 강화되거나 나쁜 쪽으로 약화되는 변화를, 스피노자는 정서라고 한다.

인간 신체의 능력이 좋은 쪽에서 나쁜 쪽으로 변하든 아니든, 정서가 그 원인은 아니다. 〈정리 11〉에서 주장하는 스피노자의 생각에, 정서란 어떤 원인이 아니라 상태다. 우선 스피노자는 인간 신체의 능력을 증대시키거나 감소시키는 모든 관념은 인간 사유 능력에도 똑같이 적용된다고 주장한다. 인간 정신은 외부로부터 큰 변화를 받으면 완전하거나 불완전하게 바뀐다. 이는 인간 정신이 능동적으로 변하는 것이 아니라, 외부의 작용을 받아 수동적으로 변하기 때문이다. 이런 수동적인 변화를 스피노자는 기쁨과 슬픔의 정서라고 정의하고 있다.

'기쁨Freude'이란 인간 정신이 외부의 영향을 받아 수동적으로, 더 큰 완전성으로 변하는 것을 의미하며, 인간 정신이 수동적으로, 더 작은 완전성으로 바뀌는 것이 '슬픔Trauer'이다. 뿐만 아니라 기쁨과 슬픔이 인간 정신과 신체에 동시에 적용되는 기쁨의 정서를 스피노자는 '쾌감Wollust' 혹은 '유쾌함Heiterkeit'이라고 한다. 그리고 슬픔의 정서가 인간의 정신과 신체에 동시에 나타나는 것을 '고통Schmerz', 혹은 '우울함Trübsinn'이라고 한다.

여기서 주의해야 할 것은 기쁨이든 슬픔이든 인간의 정서는 인간 정신이나 신체가 자극을 받을 때 나타난다는 것이다. 쾌감, 유쾌함, 고통 그리고 우울함도 마찬가지다. 그러나 이들은 구별되어야 한다. 인간 정신이나 신체의 한 부분이 다른 부분보다 많은 자극을 받을 때 나타나는 것은 쾌감이나 고통이지만, 인간 정신이나 신체의 모든 부분이 구별 없이 자극받는 경우에 나타나는 것은 유쾌함과 우울감이다. 스피노자는 앞에서 설명한 욕망과 함께 기쁨과 슬픔, 이렇게 세 가지를 기본적인 정서라 한다. 그 외에 다른 정서는 모두 이 세 가지 정서에서 나오기 때문에 기본적인 정서가 아니다.

인간 정신은 능력을 증대시키거나 감소시키는 일에 수동적으로 가담한다. 하지만 인간 정신은 능력을 증가시켜 기쁨을 얻으려 노력하지, 능력을 감소시켜 슬픔에 잠기려 하지 않는다. 인간 신체가 외부의 자극을 받는 동안 인간 정신은 현재적인 실재를 표상한다. 반대로 인간 정신이 외부 물체의 현재적인 것을 표상하는 동안 인간 신체는 외부의 자극을 받는다. 이렇게 인간 신체의 능력은 외부 자극을 통해 증감된다. 인간 신체가 증가되거나 강하게 되는 방향으로 자극을 받아야 인간 정신의 사유 능력도 증대된다. 인간 정신의 사유 능력은 인간 신체의 활동 능력을 증대시키는 자극을 표상함으로써 기쁨을 주는 것들을 표상한다.

반면 인간 정신은 슬픔을 가져다주는 것은 표상하지 않으려 한다. 인간 신체의 능력이 감소하는 것을 표상하게 되면 인간 정신 역시 그 능력이 감소되기 때문이다. 하지만 인간 정신은 신체의 외부 자극이 주는 현재적인 실재를 거부하지는 못한다. 그래서 현재적 실재를 배제하는 다른 것을 표상할 때까지는 신체의 자극이 주는 현재적 실재의 표상을 거부할 수는 없다. 그렇기 때문에 인간 정신은 현재적 실재의 능력을 감소하거나 방해하는 것을 표상할 때, 웬만하면 그런 것을 배제하려고 한다. 이 같은 이유로 인간 정신의 정서는 기쁨에 관한 관념이나 표상은 받아들이지만, 슬픔에 관한 것은 배제하려는 것이다.

5. 사랑과 미움의 정서에서 파생된 여러 가지 정서

1) 심정의 동요

인간 정신이 갖고 있는 윤리적 정서에는 기쁨, 슬픔, 그리고 욕망 외에도 여러 가지가 있을 것이다. 스피노자는 나머지 정서는 세 가지 기본 정서에서 나온다고 주장하며, 3부 〈정리 14〉 이후부터는 여러 가지 정서에 대한 설명을 하고 있다.

먼저 사랑과 미움을 살펴보자. 위에서 본 것처럼 인간 정신이나 신체는 기쁨에 관한 표상을 받아들이려 하지만, 슬픔에 관한 표상은 가능한 배제하거나 받아들이려 하지 않는다. 이때 인간 정신은 인간 신체에 자극을 주는 외부의 실재를 사랑하거나 미워한다고 한다. 스피노자는 여기서 사람이 아무런 이유 없이 무엇에 공감하거나 반감을 갖는 원인을 찾는다. 바로 유사성이다. 우리에게 기쁨을 주는 것과 유사한 것을 발견하면 우리는 기뻐한다. 반면 슬픔을 주는 것과 비슷한 것을 만나도 우리는 슬픔에 빠진다. 이렇게 유사한 것을 사랑하면 공감하는 것이고, 미워하면 반감을 갖게 된다.

〈정리 16〉 증명에 따르면 기쁨이나 슬픔을 주는 대상과 비슷한 대상의 속성이나 본질 속에서도 우리는 기쁨이나 슬픔이라는 정서를 갖는다. 인간 정신은 이렇게 대상의 유사성이라는 외부 자극을 표상하고도 기쁨이나 슬픔의 정서를 자극한다. 하지만 이런 유사한 대상은 기쁨이나 슬픔의 정서를 일으키는 원인이 아니라, 사랑과 미움에 관련되어 있다. 즉 인간 정신은 유사한 대상을 사랑하거나 미워하는 일에 공감하거나 반감을 가져 기쁨, 혹은 슬픔이란 정서의 상태를 만드는 것이다.

그런데 스피노자는 이 사랑과 미움의 감정이 동시에 나타나는 경우도 있다고 말한다. 이런 경우를 '심성 혹은 심정의 동요Schwankung des Gemüts'라고 스피노자는 〈정리 17〉 주석에서 말한다. 심정의 동요란 인간 정신의 정서에 사랑과 미움이라는 두 가지 정서가 동시에 생기는 경우다. 인간 정신의 능력을 감소시키는 어떤 실재가 있다고 가정하자. 실재는 그 자체로 슬픔의 원인이기 때문에 우리는 슬픔의 정서를 갖고 이 실재를 표상하고 미워한다. 그런데 바로 이 실재가 인간 정신의 능력을 증대시키는 것과 너무나 유사하다면, 우리는 이 실재를 미워하는 만큼 동시에 그 유사성 때문에 사랑할 수밖에 없다. 이렇게 실재를 사랑하는 만큼 미워하는 경우를 심정의 동요라고 한다.

2) 희망, 공포, 안도, 절망, 환희, 낙담

다음으로 사랑과 미움과 관련된 정서로 희망, 공포, 안도, 절망, 환희, 낙담에 대한 정서를 알아보자. 스피노자는 〈정리 18〉 주석 2에서 이와 관련된 정서를 설명하고 있다. 인간 정신은 인간 신체가 받은 외부 자극을 표상함으로써 기쁨과 슬픔의 정서를 갖는다. 인간 정신은 현재의 표상으로 기쁨과 슬픔의 정서를 느끼지만, 과거나 미래의 표상에 의해서도 현재가 느끼는 같은 기쁨과 슬픔의 정서를 느낄 수 있다. 이렇게 시간의 흐름과 관계없이 느끼는 기쁨과 슬픔의 정서에서 비로소 위에 서술한 정서가 나온다.

먼저 '희망'은 불확실한 기쁨이다. 희망은 우리가 현재의 결과에 대해 의혹을 갖고 있는 미래 혹은 과거의 사물에 대한 표상이기 때문이다. 반대로 '공포'는 현재의 결과에 대해 의혹을 품고 있는 미래, 혹은 과거 사물에 대한 표상이기 때문에 불확실한 슬픔이다. 하지만 불확실한 기쁨인 희망에서 의혹이 제거되면 '안도'가 되고, 반대로 불확실한 슬픔에서 의혹이 제거되면 '절망'으로 변한다. 결국 안도와 절망은 우리 정신이 희망했거나 공포로 여겼던 표상이 기쁨이나 슬픔으로 변한 정서다. 그리고 '환희'는 현재의 결과에 대해서 의혹을 가졌던 과거 사물의 표상에서 생기는 기쁨이며, 반대로 '낙담'은 과거 사물의 표상에서 생기는 슬픔이다. 이렇게 희망, 공포, 안도, 절망, 환희, 그리고 낙담이라는 정서는 동전의 앞뒷면과 같은 관계에 놓여 있다. 이는 마치 슬픔이 변하면 기쁨이 되고, 기쁨이 바뀌면 슬픔이 되는 것과 같다.

3) 연민, 호의, 분개

사람은 자신이 사랑하는 것이 파괴되면 슬픔을 느낄 것이고(〈정리 19〉 본문), 반대로 자신이 미워하는 것이 파괴되면 기쁨을 느낄 것(〈정리 20〉 본문)이다. 뿐만 아니라 인간 정신은 사랑하는 것을 표상하도록 정신의 능력을 증대시키고,

반대로 미워하는 것을 표상하지 않도록 정신의 능력을 배제시킨다. 사랑하는 것을 표상할 때는 정신의 능력이 증가하지만, 미워하는 표상을 배제할 때는 정신의 노력이 반대로 감소한다. 이때 정신은 슬픔의 정서를 자극한다. 그렇기 때문에 자신이 사랑하는 것이 파괴되는 것을 표상하면 슬픔을 느끼게 된다.

같은 관점에서 인간 정신은 자신이 증오하는 것을 표상함으로써 미움을 느끼기 때문에 정신은 증오하는 표상을 배제함으로써 정신의 능력을 증대시킨다. 이때 정신은 기쁨의 정서를 자극한다. 정신이 싫어하거나 증오하는 것을 파괴하는 상황을 표상하는 정신은 기쁨을 느끼게 되는 것이다.

기쁨과 슬픔은 사랑과 미움으로 연결되어 있지만 〈정리 21〉과 〈정리 22〉에서는 '자기가 사랑할 때'와 '다른 사람이 우리가 사랑하는 것을 사랑할 때'는 다르다고 설명하고 있다. 어떤 사람이, 우리가 사랑하는 것을 기쁨으로 표상할 때는 그 사람이 우리를 사랑한다고 느껴 사랑으로 자극받는다. 반대로 어떤 사람이, 우리가 미워하는 것을 슬픔으로 표상할 때는 그 사람이 우리를 미워한다고 느껴 미움으로 자극받는다(〈정리 22〉 본문). 스피노자는 〈정리 21〉을 다른 사람의 불행에서 오는 슬픔이라고 설명하며 '연민'이라고 한다. 반대로 다른 사람의 행복에서 오는 기쁨을 무엇이라 해야 할지는 모르겠다고 스피노자는 말한다. 더 나아가 사랑에는 다른 사람에게 선을 행하는 사랑도 있다. 이것은 '호의'다. 반면 다른 사람에게 악을 행하는 미움도 있다. 이런 경우는 '분개'다.

4) 질투, 교만, 아부, 경멸

인간 정신은 자기가 미워하는 것이 슬픔으로 표상될 때는 기쁨을 느낀다. 반대로 미워하는 것이 기쁨으로 표상될 때는 슬픔으로 느낀다. 미움이 슬픔으로 표상되는 한, 실재는 파괴된다. 이 미움이 더 큰 슬픔으로 표상되면 될수록 그 실재는 더 크게 파괴된다. 더 큰 미움이 어떤 사람에게 더 큰 기쁨으로 나타나면, 이것을 지켜보고 있는 사람은 반대로 그 미움이 더 큰 슬픔으로 나타날 것이다.

A가 미워하는 대상을 B가 기쁨으로 표상한다면, B는

A를 미워할 것이다. 반대로 A가 사랑하는 대상을 B가 슬픔으로 표상한다면, B는 A를 사랑할 것이다(〈정리 24〉 본문). 이런 정서가 질투다. '질투'는 미움과 비슷한 정서로, 사람으로 하여금 다른 사람의 불행을 기뻐하게 하고, 반대로 다른 사람의 행복을 슬퍼하게 한다.

다음으로 스피노자는 교만과 경멸에 관련된 사랑과 미움의 정서를 살펴본다. 사람은 스스로 사랑하는 것을 기쁨으로 표상하면 모든 것을 긍정하고, 반대로 사랑하는 것을 슬픔으로 표상하면 그 모든 것을 부정한다(〈정리 25〉 본문). 인간 정신은 우리가 사랑하는 것을 가능한 한 기쁨으로 표상하려 하지, 슬픔으로 표상하려 하지 않는다. 뿐만 아니라 우리는 슬픔으로 표상되는 것은 가능한 그 실재를 배제하려 한다. 그렇기 때문에 우리는 사랑하는 것을 기쁨으로 표상하는 모든 것을 긍정하려 한다.

〈정리 25〉와 반대로 우리는 미워하는 것을 슬픔으로 표상하는 모든 것을 긍정하고, 반대로 미워하는 것을 기쁨으로 표상하는 모든 것을 부정한다(〈정리 26〉 본문). 여기에서 알 수 있는 것은, 사람은 자신이 사랑하는 대상에 대해서는, 그것이 무엇이든 다른 사람이 느끼는 것 이상으로 정당하다는 느낌을 받는다는 것이다. 반대로 스스로 미워하는 대상에 대해서는 부당하다는 느낌을 받는다. 즉 사람이 자신의 사랑에 대한 표상이 정당하다고 느끼고 그렇게 행동할 때, 우리는 그 사람을 교만하다고 한다. 그러므로 사람이 자신을 정당하다고 느끼는 기쁨이 곧 '교만'이다. 그리고 사람이 다른 사람에 관해서 정당하다고 느끼는 기쁨은 '아부'이며, 부당하다고 느끼는 것에서 생기는 기쁨은 '경멸'이다.

5) 경쟁심, 자비심, 명예욕, 정중함, 찬미, 비난

경쟁심, 자비심, 명예욕, 정중함, 찬미, 비난과 같은 정서는 특히 사람의 행동이나 행위와 관련되어 있다. 인간 정신은 외부 물체에 대한 표상의 관념을 지금 실재하는 것처럼 표현한다. 이때 우리 정신이 표상한 외부 물체의 본성과 신체의 본성이 유사성을 갖는다면, 정신은 유사한 정서에 의해 자극받을 것이다. 이렇게 유사한 정서에 자극을 받는 것이 정서의 모방이고, 정서의 모방이 슬픔에 관계될 때 그것을 연민이라고 한다. 그러나 정서의 모방이 슬픔에 관계될 때는 연민이지만, 욕망과 관계를 가질 때는 경쟁심이 된다. 스피노자는 〈정리 21〉에서 연민을 다른 사람의 불행에서 오는 슬픔이라고 설명하였다. 반면 다른 사람의 불행에서 오는 슬픔을 자신의 욕망으로 본 것이 경쟁심이다. 따라서 어떤 사람이 자신과 비슷한 다른 사람에 대해 욕망을 갖는 다는 표상을 할 때, 어떤 사람 안에 생기는 같은 욕망이 바로 '경쟁심'이다.

일반적으로 우리는 남의 슬픔을 불행이라 생각하지, 행복이라 생각하지는 않는다. 사람을 불쌍하게 생각하는 것이 슬픔으로 표상된다면, 우리는 유사한 슬픔을 파괴하거나 제거하려 할 것이다. 이렇게 우리는 우리가 불쌍하다고 여겨지는 것을 불행이라 생각하고, 그 불행에서 벗어나려 노력한다. 바로 여기서 우리는 자비심을 갖게 된다. '자비심'이란 우리가 불쌍히 여기는 것에서부터 벗어나기 위해서 친절을 베푸는 의지나 베풀어야겠다는 욕망이다.

사람은 자신이 행하는 모든 것을 다른 사람이 기쁨을 갖고 지켜보고 있다고 생각하면, 무엇이든 행하려 한다. 반대로 다른 사람이 혐오하는 행위에 대해서는 하지 않으려고 할 것이다(〈정리 29〉 본문). 우리는 일반적으로 다른 사람들이 사랑하는 것은 사랑하고, 미워하는 것은 미워한다. 그리고 그런 것이 실재한다면 사랑에 대해서는 기뻐할 것이며, 미움에 대해서는 슬퍼할 것이다. 이런 관점에서 우리는 사람이 사랑하거나 기뻐하는 것에 대해서만 행동하려 한다. 바로 여기서 스피노자는 명예욕, 정중함, 찬미, 그리고 비난의 정서가 나온다고 생각한다.

다른 이유 없이 단지 다른 사람에게 기쁨이나 사랑을 주기 위해서 어떤 행동을 하거나 하지 않으려는 노력이 바로 '명예욕'이다. 물론 이 명예욕에는 약간의 피해가 따른다. 즉 어떤 일을 할 때 자신이나 타인에게 약간의 피해가 있더라도 많은 사람이 좋아하거나 마음에 들어 하는 일이라면 그것을 행하는 마음이 바로 명예욕이기 때문이다. 하지만 자신이나 타인의 피해를 생각하고 행하지 않는 경우에는 정중함이라고 한다. '정중함'이란 다른 사람에게 기쁨이나 사랑을 주는 일이 자신이나 타인에게 어떤 피해도 주지 않을 때를 말한다. 명예욕과 정중함은 이런 의미에서 동기의 문제다. 즉 자신의 행위가 다른 사람에게 기쁨이나 사랑을 줄 것이라는 동기가 부여되면 행동으로 옮기는 것이다. 하지만 그 결과가 어떨지 장담할 수 없다. 이와 달리 찬미는 동기와 결과가 모두 기쁨과 사랑이어야 한다. '찬미'는 자신의 행위가 다른 사람에게 기쁨과 사랑을 줄 것이라는 동기뿐 아니라, 실질적으로 다른 사람에게 기쁨과 사랑을 주는 경우까지 포함한다. 반대로 어떤 사람의 행위가 동기뿐 아니라 결과까지도 다른 사람에게 실질적인 혐오나 슬픔을 느끼게 하는 것은 '비난'이다.

6) 자기애, 후회, 겸손

어떤 사람이 다른 사람의 기쁨이나 슬픔을 표상하는 순간 스스로도 기쁨이나 슬픔을 자극받을 것이다. 이렇게 사람은 자신이 무엇을 표상하느냐에 따라 다른 사람이 기뻐하거나 슬퍼한다는 것을 알기 때문에 그것에 맞는 원인을 갖고 자극하는 것이 일반적이다.

사랑과 미움은 외적 원인의 관념을 동반한 기쁨이고 슬픔이기 때문에 이 기쁨과 슬픔은 외적 원인과 연관되어 있다. 이 외적 원인의 관념을 동반한 기쁨은 명예이고, 슬픔은 치욕이라고 스피노자는 〈정리 30〉 주석에서 다르게 보기도 한다. 외적 원인에는 다른 사람의 칭찬이나 비난까지도 포함된다. 다른 사람이 칭찬하는 기쁨은 명예이지만, 다른 사람이 비난하는 슬픔은 치욕이다. 하지만 여기서 외적 원인을 아주 빼 버릴 수도 있다. 이런 경우 기쁨과 슬픔은 또 다른 의미로 나타난다. 다른 사람의 칭찬이나 비난이라는 외적 원인을 완전히 무시한 기쁨은 자기애이고, 슬픔은 후회다.

'후회'는 기쁨과 슬픔이라는 정서의 원인으로서 자신의 관념을 동반하는 슬픔이다. 그리고 자기애는 이 같은 관념을 동반하는 기쁨이다. 인간 정신은 스스로 무능력함을 느낄 때 슬픔을 느낀다(〈정리 55〉 본문). 인간 정신이 스스로 약하다는 관념을 동반하는 슬픔이 바로 '겸손'이다. 하지만 사람은 스스로 자유롭다고 믿기 때문에 이 겸손의 정서는 매우 확실하다고 믿는다. '자기애'는 사람이 스스로를 고찰하는 데 생기는 기쁨이다. 사람은 자신의 정서가 확실하다고 믿기 때문에 스스로 활동하려 할 때나 덕德을 행하려 할 때 이 기쁨이 나타난다. 그래서 자발적인 행동을 하거나 덕을 행함에 자신감이 있으며 남의 시선이나 관심에 전혀 구애받지 않고 정신적이거나 신체적인 힘을 가한다. 하지만 이런 행위에 익숙하지 못한 사람에게는 당연히 불쾌감을 준다.

자기애의 문제점은 더 있다. 사람은 본성상 남을 시기한다. 혹은 자신보다 약하거나 자신과 동등한 지위에 있더라도 약한 부분이 있으면 그것을 기뻐하며, 행복이나 덕이 느껴지면 슬퍼한다. 반대로 자신의 행동의 명예나 포상에 대해서는 아주 기뻐한다. 이처럼 인간의 본성은 사랑이나 행복보다 미움이나 질투 쪽으로 기울어져 있다(〈정리 55〉 보충). 그 이유를 스피노자는 교육에서 찾고 있다. 우리가 교육을 통해, 부와 명예를 얻기 위한 질투가 필요하다고 은연중에 배운다는 것이다. 혹은 시기와 질투를 통해 부와 명예를 창출한다고 배운다는 것이다.

물론 그 반대의 경우도 존재한다. 우리는 교육을 통해 덕을 배우고 사람을 존중해야 하는 것을 알게 되기도 한다. 그러나 이 속에서도 여전히 자기애는 스스로를 확신하는 정서에서 나오는 것이기 때문에 쉽게 사라지지 않는 정서 중 하나다.

7) 능동으로서의 용기와 관용

스피노자는 〈정리 58〉에서 수동적인 기쁨과 욕망 외에 사람의 활동에는 기쁨이나 욕망의 정서가 있다고 주장함으로써, 능동적인 정서가 있음을 암시한다. 인간 정신은 자신의 활동을 통해 관념을 파악하는 동안 기쁨을 느낀다. 하지만 인간 정신의 관념은 항상 분명하지 않고, 때에 따라 부족하거나 혼란한 관념도 갖는다. 인간 정신의 이런 노력을, 우리는 '욕망'이라고 한다.

그리고 인간 정신이 활동하는 한, 정신에 관계되는 정서는 기쁨과 욕망에 관계된 것뿐이다(〈정리 59〉 본문). 모든 인간 정서는 지금까지 살펴본 것처럼 기쁨, 슬픔, 그리고 욕망 이렇게 세 가지 기본 정서와 관계되어 있다. 이 중에서 슬픔의 정서는 오히려 인간 정신의 생각을 약화시키거나 방해한다. 그래서 슬픔을 느끼는 순간, 정신 활동은 그 능력이 떨어진다. 그러나 나머지 두 가지 정서인 기쁨과 욕망은 그 반대로 정신 능력을 증대시킨다.

스피노자는 〈정리 59〉 주석에서 정신에 관계하는 정서에서 생기는 모든 활동을 인간의 정신력으로 보고, 그것을 '용기Seelenstärke'와 '관용Edelmut'으로 구분하고 있다. 용기는 자신의 이성이 내리는 지시에 따라 자신의 존재를 유지하려 하는 욕망이다. 그리고 관용은 이성의 명령에 따라 다른 사람을 돕거나, 도와주며 우정을 이어가고 친교를 맺으려는 욕망이다. 이때 용기는 도와주려는 행위자의 이익만을 생각하고 활동하는 경우고, 관용은 행위자뿐 아니라 다른 사람의 이익도 함께 생각하고 행하는 것을 말한다. 예를 들어서 금주와 금연의 절제가 필요할 때는 용기가 따라야 가능하다. 그런가 하면 다른 사람에게 예의를 표하거나 온화한 성품으로 대할 때는 용기가 아니라 관용이 필요하다.

스피노자는 이렇게 3부에서 세 가지 기본 정서와 그것에서 파생된 정서를 설명하였다. 그리고 이것을 윤리적인 정서의 제1원인으로 삼고 있다. 하지만 인간 정신은 외부의 자극에 의해서 끊임없이 변하기 때문에 확실한 정서를 갖는 것은 쉽지 않다. 그래서 스피노자는 이를 일렁이는 파도에 비교한다. 사람의 정서는 파도처럼 자주 동요하고 갈등을 겪는 것이 분명하다. 사랑과 미움을 통해 돌아서서 후회하고 경멸하기도 한다. 뿐만 아니라 금방 변할 사랑과 미움에 환희하거나 낙담하기도 한다. 인간 정신의 능력은 외부의 영향에 따라 변함을 보여 주는 예이고, 이것이 인간 본성이기 때문이다.

스피노자도 이런 사실을 잘 알고 있었던 것 같다. 그래서 스피노자는 3부 마지막 부분 「정서의 정의」에서 더 많은 정서를 정의하면서, 스스로 윤리학의 제1원인으로 삼은 세 가지 기본 정서인 기쁨, 슬픔, 그리고 욕망을 전제로 하고 있다. 이렇게 정서의 의미를 정확하게 파악하고 규정한다면 세 가지 기본 정서는 쉽게 바뀌지 않을 것이기 때문이다.

5장
인간의 예속 또는 정서의 힘에 대하여

　스피노자는 『윤리학』 3부에서 인간의 정서에 대해서 논의하였다. 그리고 4부에는 우리가 흔히 얘기하는 윤리학에 관한 내용을 담았다. 사실 윤리나 도덕이 어디에서 시작되었는지 모르지만, 관습이나 규범에서 시작되었다면, 그 내용은 당연히 규제가 기본이다. 즉 '하지 마라'가 윤리나 도덕의 시작인 것이다. 인간은 동서고금을 통해 자유롭고 싶어 한다. 어느 누구나 인간이라면 자유를 원한다. 하지만 그것을 막은 것이 윤리고 도덕이다.

　스피노자는 3부 마지막 부분에서 인간의 정서를 바람에 일렁이며 파도치는 바다에 비유했다. 인간의 정서가 얼마나 나약한지를 보여 주는 좋은 예이다. 이런 정서를 가진 인간이기 때문에 규제나 규범이 필요하다. 이렇게 인간에게 필요한 규범이나 규제를 스피노자는 예속이라 한다. 정서를 통제하고 억제할 무엇이 필요하다고 스피노자는 보았다. 그것은 바로 예속이다.

스피노자는 4부에서 바로 이 예속에 관한 생각을 정리하고 있다. 하지만 예속보다 자유로운 인간, 즉 자유인에 대한 설명을 더 많이 하고 있다. 인간이 자유롭기 위해서 어디엔가 예속되어야 한다는 사실이 조금은 모순되긴 하다. 그래서 스피노자는 선과 악의 문제와 자유인의 문제를 4부의 중요한 주제로 삼고 있는 것 같다.

1. 선과 악, 완전과 불완전

스피노자는 4부 머리말에서 예속Knechtschaft이란, 인간 스스로 자신의 정서를 잘 통제하거나 억제하지 못하는 인간의 무능력이라고 정의한다. 정서가 통제되거나 억제된 인간은 자신의 권리가 아닌 운명의 권리 아래 지배당한다. 운명의 힘에 지배당한 인간은 스스로는 선을 행하려 하지만, 운명의 힘에 의해 강제로 억압당해 악을 따르게 된다. 그럼 선과 악은 무엇이기에 운명의 힘에 지배당해 선을 행하지 못하고 악을 행할까? 스피노자는 4부에서 바로 이 문제를 다루고자 한다. 그리고 이 선과 악과 함께 완전과 불완전에 대한 설명도 함께하고 있다.

만약 어떤 사람이 책상을 만들려고 생각하고 설계하고 실질적으로 만들었다면, 그 사람은 책상을 완성했다고 할 것이다. 이 책상의 완성품을 놓고 책상을 만든 사람이나, 책상 만드는 것을 지켜본 사람이나, 책상을 설계하고 만들려는 의도를 알고 있는 사람까지도 책상을 만드는 일을 완성했다고 할 것이다. 반대로 어떤 사람이 책상을 만들려고 생각하고 설계하였지만, 아직 완성되지 않았다면, 그 사람뿐 아니라 그것을 지켜보던 모든 사람도 책상이 완성되지 않았다고 할 것이다. 즉 불완전하다고 할 것이다

그런데 만약 어떤 사람이 자신이 지금까지 한 번도 보지 못한 물건을 보거나, 그 물건을 만든 사람의 의도나 생각, 혹은 설계도가 무엇인지조차도 모른다면, 그 물건이 완성

된 것인지 미완성된 것인지 알지 못한다. 스피노자는 바로 이때 완전과 불완전의 개념을 사용할 수 있다고 한다. 비록 그 사물이 만드는 사람의 생각이나 완성도와는 전혀 관계 없이 말이다. 즉 집을 만드는 사람이 집을 완성하였다고 할지라도, 일반적으로 사람의 관념에 해당하는 집이 아니면 그것은 완전한 것이 아니며, 그 반대도 마찬가지다.

인공물이 아닌 자연물 또한 그렇다. 인간이 직접 손으로 만드는 인공물이 아닌 자연물에 대해서 일반적으로 인간은 관념을 갖고 있고, 그 관념에 따라 자연물의 완전과 불완전이 정해진다. 인간은 자연에도 질서가 있다고 믿기 때문에, 인간 관념에 따른 완전과 불완전은, 자연물의 완전성과 전혀 관계없이 결정된다. 즉 인간의 관념에 따라 자연물이 완전하면 자연의 질서에 따라 성공한 자연물이라고 하지만 그렇지 않으면 실패한 자연물이라고 한다.

이런 관점에서 인간이 자연에 대해서 완전하다 불완전하다고 말하는 것은, 자연물을 정확하고 확실하게 인식한 주장이 아니라, 인간의 오류가 여전히 있는 관념을 근거로 한 주장임을 알 수 있다. 스피노자에게 신과 자연 그리고 실체는 같은 것으로, 어떤 목적을 위해서 작용하지 않고 스스로 존재하는 것과 같이 필연성을 갖고 작용하거나 존재한다. 즉 신과 자연이 어떤 목적이나 이유를 위해 작용하는 것이 아니듯이, 어떤 목적을 갖고 존재하는 것도 아니다. 신과 자연이 존재하는 것이나 작용하는 데는 아무런 원인이나 목적이 없다.

바로 이런 관점에서 완전이니 불완전이니 하는 것은 인간 사유의 양태에 불과하다. 인간은 자연의 모든 개체를 같은 종鍾이나 유類로 분류하고 개념을 부여한다. 뿐만 아니라 같은 종이나 유에 속하는 개체 중에서도 어떤 개체는 다른 개체보다 실재성을 더 갖고 있다고 생각하여 더 완전하다고 생각하기도 한다. 인간은 이렇게 자연의 개체에 완전성이나 불완전성을 부여하게 된다.

선과 악도 마찬가지다. 인간은 사물을 그 자체로 볼 수 있는 한 어떤 적극적인 행위도 하지 않으며, 사유의 양태 혹은 사물을 비교할 때 생기는 개념만 갖고 판단한다. 바로 이때 선과 악이 생긴다고 스피노자는 주장한다. 여기서 스피노자는 음악을 예로 들고 있다. 우울한 사람에게 음악은 좋다. 슬픈 사람에게 음악은 나쁘다. 그런가 하면 청각장애인에게 음악은 좋지도 나쁘지도 않다. 즉 음악이라는 사물의 본성은 이렇게 어떤 사람에게는 좋고, 또 어떤 사람에게는 나쁘고, 또 다른 사람에게는 좋은 것도 나쁜 것도 아닌 다양성이다.

한 사물이 사람에 따라 좋고, 나쁘고, 혹은 좋은 것도 아니고 나쁜 것도 아닐 수 있지만, 우리는 이러한 사물의 다양한 본성을 인식하고 있어야 한다. 사물의 다양한 본성이 결국 인간의 관념을 다르게 형성한다. 선과 악도 사물의 다양성에 따른 인간의 관념이 결정하는 것이다. 인간은 자신이 바라는 것을 관념으로 인식하기 때문이다.

스피노자에 따르면 인간 본성은 전형적으로 되고자 하는 모형을 갖고 있다. 그리고 인간은 이 모형에 점차 접근하기 위한 수단을 찾는다. 선이란, 바로 이 수단이 되는 어떤 것을 사람이 인지하고 이해하는 것이라고 한다. 반면에 악이란, 이 모형에 접근하지 못하도록 방해하는 어떤 것에 대해 확실히 알거나 이해하는 것이다. 그리고 이 전형적인 모형을 얻기 위해서 보다 많이 혹은 적게 다가가는 사람을 우리는 완전 혹은 불완전이라고 부른다. 이때 주의할 것은, 예를 들어 어떤 사람이 완전성으로부터 불완전성으로, 혹은 그 반대로 이행한다고 할 때, 그것이 반드시 그 본성이나 본질, 형상의 변화를 의미하지는 않는다는 점이다. 이때 본질이나 형상의 변화란 곤충이 소로 변하고, 소가 사람으로 변한다는 의미이기 때문이다. 그래서 사람의 변화란 이런 종의 변화가 아니라 활동 능력의 변화를 의미한다. 즉 그 사람의 활동 능력이 증대했다거나 감소했다는 의미에서 불완전성에서 완전성으로, 혹은 그 반대로 변화했다고 말하는 것이다.

스피노자에 있어서 선과 악 그리고 완전성과 불완전성에 관한 개념은 개체의 실재성과 관련된 것이다. 사물이 어떤 방법으로 존재하고 작용하는 것은, 그 사물의 관념이 아니라 본질에 대한 것으로 살펴보아야 한다.

2. 4부의 〈정의〉와 〈공리〉

스피노자는 4부에서 예속과 윤리의 문제를 논하기 전에

먼저 〈정의〉와 〈공리〉를 설정한다. 〈정의〉는 모두 8개로 구성되어 있다. 이를 정리하면 다음과 같다.

정의:

- '선das Gute'이란 어떤 것이 우리에게 유익하다는 사실을 우리가 분명하고 확실하게 아는 것이다. 반대로 어떤 것이 우리가 선을 갖는 데 방해된다는 사실을 우리가 확실히 아는 것이 바로 '악das Schlechte'이다.

- 우리가 단지 각 사물의 본질에만 관심을 가져, 각 사물의 실재를 필연적으로 정립하거나 혹은 배제하는 그 어떤 것도 찾아내지 못하는 한, 이 각각의 사물은 '우연적'이라고 한다.

- 각각의 사물이 생겨날 수밖에 없는 원인에 대해서 우리가 관심을 갖는 경우에, 그 원인이 각각의 사물을 생겨나도록 결정되어 있는지에 대해서 우리

가 모르는 한, 그 각각의 사물은 '가능적'이라고 한다.(우연과 가능이란 양상의 개념을 3부에서는 구별하지 않았지만, 4부에서는 필요에 의해서 구별한다고 스피노자는 설명하고 있다.)

- 사람을 서로 다른 방향으로 이끄는 것은 서로 반대되는 정서 때문이다. 예를 들어 미식욕Schwelgerei과 탐욕Geiz은 같은 종류의 사랑이다. 따라서 본성상 상반되는 것은 아니지만 우연에 의해 상반된다.

- 시간의 흐름에 따른 사물에 대한 정서도 정의가 필요하다. 스피노자는 3부 〈정리 18〉에서 이미 현재, 과거, 그리고 미래 사물에 대한 정서를 정리하였다. 어떤 사물이 표상으로 자극을 받을 때, 그 사물이 현재 실질적으로 존재하지 않을지라도 그것은 현재의 사물로 인식된다. 반면 우리가 어떤 사물에 의해 자극되었거나, 그것을 보았거나, 그것이 우리를 활기차게 했거나, 우리를 해쳤던 것은 과거의 사물이다.

그리고 우리가 자극받을 것이고, 볼 것이고, 우리를 활기차게 할 것이고, 해칠 것인 그 사물은 미래의 것이다.

- 시간적 거리와 공간적 거리에는 한계가 있다. 공간적 거리는 일정 거리를 넘으면 그 표상이 같아진다. 스피노자는 2백 피트를 예로 들고 있다. 즉 2백 피트까지는 공간적 거리를 충분히 표상할 수 있지만, 그 이상이 되면 3백 피트든 1천 피트든 우리가 표상하는 거리는 같다는 것이다. 시간적 거리도 마찬가지다. 현재에서 떨어진 과거의 시간적 거리는 어느 시점까지는 충분히 구별하지만, 어느 시점을 지나면 공간적 거리와 마찬가지로 전부 같은 시간적 거리로 표상하게 된다.

- '충동Trieb'은 사람으로 하여금 어떤 일을 하고자 하는 목적을 갖게 한다.

- '덕Tugend'과 '능력Vermögen'은 같은 것이다.

스피노자가 4부에서 내린 〈정의〉는 다음과 같은 〈공리〉
를 전제로 한다.

공리:

• 자연 안에 존재하는 모든 각각의 사물 사이에는 힘
의 논리가 작용한다. 각각의 사물은 더 강하거나
힘센 사물에 의해서 극복되거나 파괴된다. 마찬가
지로 아무리 강한 힘을 가진 사물이라고 해도, 그
보다 더 강한 사물에 의해서 파괴되는 것이 자연의
질서다.

3. 수동적 정서에서 벗어나게 하는 다른 정서의 힘

스피노자는 3부 〈정리 6〉에서 본성을 지키려는 노력, 즉
코나투스conatus에 대해서 설명하고 있다. 그리고 4부 〈공
리〉에서 각 사물의 파괴와 극복에 관한 설명을 한다. 자연

속에 존재하는 모든 사물은 본성을 지키려는 노력을 하고 있지만, 자연의 질서에 따라 더 강한 힘을 가진 존재에 의해 파괴될 수밖에 없다. 따라서 인간도 자연의 일부라면, 인간 존재의 한계나 약함에 대한 설명이 가능하다. 스피노자는 4부 〈정리 2〉부터 이 문제에 대해 설명하고 있다. 그런데 3부 마지막 부분에서 우리는 인간의 능동적 정서를 봤다. 인간이 약하다는 것은 수동적 정서에 의해서 움직이기 때문이지만, 인간에게는 그 반대인 능동적 정서도 있다. 스피노자는 4부 〈정리 1〉부터 바로 이 점을 강조하고 있다.

스피노자는 4부 전반 부분에서 인간의 존재는 나약한 이유는 수동적 정서 때문이지만, 다른 정서의 능력이나 힘에 의해 극복이 가능하다고 보고, 그 방법을 제시하고 있다. 자연 속의 존재는 끊임없는 투쟁을 통해 사라지거나 살아남는다. 이 자연의 법칙에서 인간도 예외일 수는 없다. 인간의 모든 것이 완전한 원인에 의해서 움직이지 못하고 인간 이외에 다른 것 없이는 파악되지 않기 때문에 자연의 일부로 작용을 받고 있다(〈정리 2〉 본문).

예를 들어서 자연의 일부에 불과한 인간이 존재하는 동

시에 인간보다 능력이 있거나 강한 힘을 가진 존재 A가 존재하고, 이어서 A보다 강한 B가 다시 존재하며, 이어서 계속 C, D 등이 존재하게 된다. 결국 인간의 힘이나 능력은 다른 존재의 힘이나 능력에 제한되어 있으며, 외적인 힘이나 능력에 의해서 무한히 압도당하고 있다.

각각의 사물이나 인간이 자신의 본성을 갖고 존재하는 능력은 신이나 자연의 능력이다. 다시 말해 각각의 사물이나 인간은 신이나 자연의 무한하고 영원한 본질의 일부분에 불과하다. 이런 관점에서 인간은 신이나 자연의 일부임에 틀림없다. 이런 이유로 스피노자는 각각의 사물이나 인간의 열정이 신이나 자연에 예속되어 있는 것은 필연적이라고 주장한다.

열정은 인간의 단순한 본질에 의해서 설명되지 않고, 인간의 능력과 비교되는 외부의 자극이나 힘에 의해 규정된다. 따라서 인간의 열정과 열정적 힘의 증가, 혹은 열정이 존재하고자 하는 고집은 외부 원인에 의해 규정된다. 그렇기 때문에 인간의 열정이나 정서의 힘은 그 밖의 다른 작용이나 능력을 능가할 수 있다. 이러한 정서는 집요하게 인간에게 달라붙어 있거나 따라다닌다.

각각의 사물이나 인간은 자연의 일부로, 그 약함의 한계가 있다. 그렇다고 각각의 사물이든 인간이든 수동적으로 자연의 일부로 살 필요는 없다. 스피노자는 이런 수동적 정서가 다른 정서에 의해 극복될 수 있는 방법에 대해서도 얘기하고 있다. 구체적인 내용은 〈정리 1〉과 〈정리 7〉부터 〈정리 18〉까지 자세한 예시와 함께 정리되어 있다.

스피노자는 여러 번 관념에 따른 오류를 지적했다. 〈정리 1〉에서는 오류란 타당하지 못한 관념이 내포하는 인식의 부족이라고 다시 강조한다. 하지만 타당하지 못한 관념일지라도 신에 연관된 관념이라면, 그것이 오류라고 할 수 있는 어떤 적극적인 것도 갖고 있지 않다고 본다. 만약 어떤 것이 참이라는 이유로, 어떤 사람이 부당한 관념을 타당한 관념이라고 적극적으로 제기한다면, 그것은 신이 아니라 그 사람에 의해 타당성이 제기되는 것이다. 그렇기 때문에 부당한 관념이 갖는 어떤 적극적인 것도 현재의 참다운 것에 의해서 제기되지 않을 수도 있다는 것이 스피노자의 생각이다. 그리고 그 이유를 정서의 현재성에서 찾고, 극복을 다른 정서를 통해서 찾고 있다.

정서는 정신과 연관되어 있고, 정신은 신체와 깊은 관계를 갖고 있기 때문에 신체 활동에 따라 정서는 다르게 나타난다. 신체 활동 역량이 크면 정서도 따라서 고조되고, 반대로 신체 활동 역량이 감소하면 정서도 함께 저조한 상태로 나빠진다. 결국 정신은 정서에 따라 활동 능력이 증대되거나 감소되는 현상이 나타난다. 이런 관점에서 정서는 다른 정서, 예를 들어서 더 강한 정서나 반대되는 정서에 의해서 억제되거나 제거될 수 있다(〈정리 7〉 본문).

스피노자는 이어 〈정리 8〉에서 선과 악을 예로 들고 있다. 즉 선과 악의 인식은 기쁨과 슬픔이라는 정서로 나타난다. 그리고 기쁨과 슬픔은 반대의 정서다. 〈정리 7〉의 주장에 따르면 기쁨은 슬픔으로 억제할 수 있고, 반대로 슬픔은 기쁨으로 제거할 수 있다. 그런데 정서는 현재 우리 눈앞에 있는 것이 원인이 되어 나타나는 경우가, 우리 앞에 없는 것을 표상하여 나타나는 경우보다 훨씬 강하다(〈정리 9〉 본문). 이는 앞에서 논의한 시간과 공간의 예를 통해 쉽게 알 수 있다. 주어진 상황이 같은 경우, 현재의 사정을 제외시킨다면, 미래와 과거의 표상은 현재의 표상보다 훨씬 정서적으로 약하다.

다음으로 스피노자는 필연성과 우연성 혹은 가능성의 예를 들고 있다. 사물의 출현은 필연적일 수도 있고 우연적일 수도 있다. 우리 정서는 필연적인 사물의 정서에 대한 표상이 훨씬 더 강하기 때문에 필연적인 사물의 출현에 대해서는 대체로 긍정한다. 하지만 우연적이거나 가능적인 출현에 대해서는 부정적이다. 사물 출현의 가능성이든 우연성이든 현재에는 없다는 뜻이다. 그러나 존재할 것이라는 기대는 가능성이 우연성보다 높기 때문에 사물에 대한 우리의 정서는 가능성이 우연성보다 높게 나타난다. 이렇게 사물의 출현이라는 정서에서 본다면 우연성이 가장 낮게 나타난다. 그리고 이 우연성에 시간의 문제를 적용하면 현재 존재하지 않는 우연적인 것에 대한 정서는 이미 존재했던 과거의 정서에 비해서도 낮다. 결국 사물의 출현에 대한 정서는 필연성, 가능성, 우연성의 순이라고 할 수 있지만, 시간의 문제가 적용되면 현재가 과거에 비해 훨씬 낮게 나타난다.

마지막 예로는 선과 악을 〈정리 14〉 이하에서 들고 있다. 스피노자의 관점에서 선과 악이 참으로 인정될 경우에는 어떤 정서로도 억제하거나 제거될 수 없다. 하지만 선과 악이 참이 아닌 정서로 간주되는 한, 정서는 억제되거나 제거될 수 있다. 선과 악을 정서로 인정하면 어쩔 수 없이 욕망이 생겨난다. 이 욕망은 이 욕망을 생기게 한 정서의 크기에 따라 변하는데, 정서가 커지면 욕망도 따라 커지고, 그 반대도 마찬가지다.

스피노자는 〈정리 18〉 증명에서 욕망을 인간 본질 자체로 보고 있다. 이는 다른 말로 인간은 그 자체로 머물고자 함을 뜻한다. 그렇기 때문에 인간은 슬픔보다 기쁨을 더 좋아한다. 기쁨에서 인간이 욕망을 얻는다면, 기쁨의 정서 또한 인간의 욕망에 의해서 증대된다. 반대로 슬픔에서 생기는 욕망은 슬픔의 정서에 의해서 욕망이 억제되거나 제거된다. 슬픔보다 기쁨을 좋아하는 인간은 기쁨의 정서를 얻기 위해서 인간이 갖고 있는 욕망의 힘 외에 외적인 힘을 끌어들여 기쁨의 정서를 증가시킨다. 반면 슬픔의 경우에는 외적인 힘까지 끌어들여 슬프고자 하는 사람은 없으므로 슬픔을 자아내는 욕망은 인간 자체의 힘에 의해서만 결정되는 것이 일반적이다.

스피노자는 이렇게 인간의 정서가 외적인 영향을 받아 수동적 정서로 약해짐을 인정하고 있다. 하지만 이는 곧 다른 정서에 의해서 극복될 수 있음도 함께 설명하고 있다.

4. 이성의 규칙으로서의 덕

스피노자는 『윤리학』에서 신, 자연, 그리고 실체를 기본 틀로 잡았다. 인간의 모든 것은 신으로부터 나왔다. 이성도 예외는 아니다. 일반적으로 우리가 윤리나 도덕을 얘기할 때 이성은 아주 중요한 개념이다. 인간의 이성적 활동이야 말로 윤리나 도덕의 기본이기 때문이다.

스피노자는 3부에서 정서의 종류와 중요성을 설명한 다음, 4부에서는 수동적인 정서가 외적인 영향을 받고 극복될 수 있음을 설명한다. 정서가 다른 정서에 의해서 억제되거나 제거될 수 있고 그 반대도 성립된다. 바로 이런 측면에서 인간의 윤리와 도덕은 인간의 정서에 의해서 설명될

수 있음을 알 수 있다. 스피노자는 4부 〈정리 18〉 주석에서
부터 〈정리 28〉까지 이 부분에 대한 내용을 다루고 있다.
여기서 우리는 인간의 덕이 곧 이성의 '명령Regel'이나 이성
의 '규칙Vorschriften'에 따라 움직임을 알 수 있다.

스피노자는 〈정의 8〉에서 '덕'과 '능력'을 같은 것으로 보
고 있다. 그리고 인간의 덕은 인간의 본성에 따라 그 능력
이 발휘되기 때문에, 덕은 인간의 고유한 본성의 법칙에 따
른 작용이라 할 수 있다. 그리고 이 고유한 본성의 법칙에
따라 자신의 본성을 지키려는 노력, 즉 코나투스에 의해서
그 존재가 유지되고 있다.

문제는 이성이다. 덕은 고유한 본성의 법칙을 지키려 하
지만 이성의 명령에 따르지 않는 경우 인간은 무능력하게
된다. 인간의 정서가 이성의 명령이나 이성의 규칙과 동일
하거나 반대되기 때문에 이런 현상이 나타난다. 덕과 능력
이 동일하다는 것을 확대해석하면 인간의 덕은 인간의 능
력과 같다. 그리고 덕이 인간 본성의 법칙이고, 인간 본성
의 법칙이 이성의 명령이나 규칙에 따른 것이다. 〈정리 18〉
주석에서 인간의 무능력은 이성의 명령에 따르느냐 반하느

냐에 달렸다고 했다. 인간 개개인이 스스로 선이나 악이라고 판단하는 행위를, 본성에 따라 원하거나 피하려는 것은 필연적인 결과라고 할 수 있다.

인간 능력 자체가 덕이기 때문에, 인간은 스스로 이익을 추구하면서 존재하기 위해 끊임없는 노력을 해야 한다. 바꾸어 말하면 인간은 스스로 존재하기 위해서 노력하는 만큼 덕 있는 행동을 하게 된다. 스피노자는 이를 〈정리 21〉에서 인간이 현실적으로 생활하고 행동하면서 존재한다는 것은 행복하게 사는 것이며, 착하게 행동하는 것이며, 선하게 생활하는 것과 같다고 주장한다. 우리가 행복하게 살고, 선하게 살기 위해 노력하는 이런 유덕한 행위는 스스로 그런 존재로 남기를 원하기 때문이다.

스스로 존재하기 위해 노력하는 것은 인간을 비롯한 모든 사물의 본질이며 본성이기에 인간 중에는 스스로 존재하기 위해서 이런 덕스러운 행위보다 다른 것을 더 우선적으로 생각하고 행동하는 사람은 아무도 없을 것이다. 하지만 인간이 무능력함은 이성의 명령이나 규칙을 따르지 않기 때문이라고 했다. 결국 인간이 어떤 행위를 한다고 해서 모두가 덕스러운 행동이라고 할 수 없다. 인간의 행동은 스스로 정한 관념에서 나온다. 이때 이 관념의 적절성이 문제가 된다. 만약 부적절한 관념에 따라 어떤 사람이 행동한다면 이때 이 사람은 자신의 본성이나 본질과 전혀 관계없는 행위를 할 것이다. 그것은 덕스러운 행위가 아니라 부덕한 것이다. 반대로 어떤 사람이 적절한 관념이나 인식에 따라 행동한다면, 그 행위는 인간의 본성에서 나오는 덕스러운 행동이라 할 수 있다.

그러므로 인간 본성의 법칙에 따라 행동하는 것은 곧 덕스러운 행동이다. 그런데 인간의 행동은 인식에 따라 행해진다. 덕스러운 행동이란 곧 이성적인 인식이 없으면 불가능하다. 인간은 스스로 존재하기 위해서 행동한다고 했다. 이성적인 인식에 따른 행동이야말로 인간이 스스로 존재하기 위한 덕스러운 행위임을 알 수 있다. 바로 이런 관점에서 스피노자는 〈정리 24〉에서 덕스러운 행동은 이성의 이끌림에 따라 스스로 이익을 추구하기 위해 행동하는 생활이며, 이를 통해 인간 스스로 존재하고 지키는 것이라고 주장하고 있다.

문제는 어떤 사물이나 사람은, 자신이 아닌 다른 사물이나 다른 사람을 위해서 자신의 존재를 지키려고 한다는 것이다. 어떤 사람이 다른 사람의 존재를 지키려 노력한다는 것은 다른 사람이 갖고 있는 본질의 규칙을 행동으로 옮기려는 것과 같다. 만약 어떤 사람이 다른 사람의 덕을 위해 자신의 덕스러운 행위를 한다면 그것보다 더 바랄 것은 없을 것이다. 하지만 이것은 결코 쉬운 일이 아니다. 그렇기 때문에 어떤 사람 혹은 어떤 사물도 다른 사람이나 사물의 존재를 유지하려고 노력하지는 않는다는 것이 〈정리 25〉에서 보이는 스피노자의 입장이다.

인간의 덕스러운 행동은 이성적인 인식으로 가능하다. 그리고 인간 스스로 존재하기 위해서는 인간 본질의 규칙이 필요하다고 했다. 이성의 본질은 인간의 인식을 분명하고 확실하게 한다. 이를 수행하기 위해서 필요한 것은 인간 정신이다. 즉 인간 정신이 인간의 인식을 분명하게 해 주는 것이다. 우리가 이성을 바탕으로 추구하는 모든 것은 우리가 인식하는 어떤 것이다. 결국 인간이 이성에 따라 추구하는 모든 것은 인식하는 것이다. 그리고 정신은 이성을 사용하는 한 인식에 도움이 되는 것만 선하다고 판단한다.

바로 이런 관점에서 인간은 인식에 도움이 되는 것은 선으로, 반대로 인식에 도움이 되지 않고 방해가 되는 것은 악으로 확신한다(〈정리 27〉 본문). 정신이 이성적으로 생각하는 한, 인식 이외의 것은 결코 추구하지 않기 때문에 인식에 도움이 되는 것만 유익하다고 판단한다. 그리고 정신이 인식할 수 있는 가장 좋은 것은 바로 신이다. 스피노자에 따르면 신은 절대적이고 무한한 존재이기 때문에, 신이 없다면 어떤 것도 생각될 수 없고, 존재할 수도 없다. 그러므로 정신이 신을 인식하는 것이야말로 최고의 이익이며, 최고의 덕이라고 할 수 있다(〈정리 28〉 본문).

〈정리 18〉 주석에서 스피노자는 덕이 인간의 본성 혹은 본질이라고 설명하고 있다. 이 부분에서 우리는 윤리 혹은 도덕의 문제를 인간의 본성에서 찾고 있다고 판단했다. 하지만 〈정리 28〉에서 스피노자는 결국 신, 자연, 그리고 실체가 동일하다는 것을 다시 강조한다. 하지만 이성의 명령 혹은 이성의 규칙으로서 덕이 인간 본성의 규칙임은 틀림없는 그의 생각이다.

5. 공동체 생활을 위한 덕

윤리나 도덕은 개인의 문제이기도 하지만 공동체의 문제이기도 하다. 단지 스피노자는 〈정리 25〉 증명에서 어떤 사람이 다른 사람을 위해 자신의 존재를 보존하려고 노력한다면, 그것이야말로 덕의 첫 번째 기초라고만 했을 뿐이다. 윤리나 도덕이 공동체나 사회생활을 위해 필요한 것이라면 〈정리 25〉 증명의 내용을 더 명확하게 할 필요가 있다. 스피노자는 이 부분을 보완하기 위한 작업을 〈정리 29〉부터 이어 간다.

각각의 사물이나 인간이 존재하거나 작용하게 하는 인간의 능력은, 다른 사물이나 인간에 의해서 결정된다. 각각의 사물이나 인간의 본성이, 그 본성을 파악할 수 있는 다른 사물이나 인간이 가진 본질과 본성에 따라 인식되기 때문이다. 즉 사물이나 인간의 본성과 전혀 다른 본성에 의해서 인간의 활동 능력이 촉진되거나 억제될 수 없다는 것이다. 이는 곧 각각의 사물이나 인간에게는 어떤 공통적인 본성이 있다는 것이다. 그리고 이 공통점이 없다면 어떤 것도 사람에게는 선이나 악이 될 수 없다(〈정리 29〉 본문).

인간 활동 능력을 촉진시키는 본성은 우리가 공통적으로 갖고 있는 것이며, 억제하거나 저해시키는 본성은 분명 대립되는 어떤 것이다. 우리가 공통적으로 갖고 있는 것이 악일 수는 없다는 것이 스피노자의 생각이며, 만약 그것이 악이 된다면 공통적이라기 보다는 대립되는 어떤 것이어야 한다(〈정리 30〉 본문). 우리는 악을 슬픔의 정서로 보았다. 그리고 이 슬픔은 인간의 행동을 감소시키는 것이다. 만약 우리의 본성에 공통적인 악이 있다면, 우리의 행동 자체를 감소시키거나 저해시키는 역할을 할 것이다. 이것을 스피노자는 모순이라고 생각한다. 그러므로 우리가 공통적으로 가지는 것이 악이어서는 안 된다.

〈정리 30〉에서 어떤 각각의 사물이나 인간이 우리의 본성과 일치하는 범위 내에서는 악일 수가 없다고 했다. 악일 수 없다는 것은 선이거나 최소한 악과 전혀 관계없는 어떤 것이다. 만약 선이 아니라, 악과 무관한 선도 악도 아닌 것이라면, 인간의 본성을 유지하는 데 어떤 도움도 될 수 없다. 그러므로 사물이 우리의 본성과 일치하기 위해서는 필연적으로 선이어야 한다(〈정리 31〉 본문).

　사물이 본성이나 본질로 일치한다는 것은 그 사물이 갖고 있는 능력이 일치한다는 것이지 무능력하거나 부정 혹은 열정으로 일치한다는 것은 있을 수 없다. 스피노자는 이를 위해 〈정리 32〉 주석에서 인간과 돌을 예로 들고 있다. 인간과 돌의 공통점을 찾아보면 아주 많다. 우선 유한하고, 무력하며, 본성의 필연성에 의해서 존재하지 않고, 외적 원인의 힘을 끊임없이 극복해야 한다는 등 아주 많다. 이런 공통점은 인간과 돌을 일치하게 하는 본성이 결코 아니다. 인간과 돌이 공통적으로 갖고 있지 않은 것이 더 많으므로, 오히려 이 둘 사이에는 부정·무능력이라는 공통점밖에 없다는 것을 알 수 있다.

　인간이 열정이라는 정서에 따르거나 복종하는 것도 부정이나 무능력처럼 본성적으로 일치할 수 없다고 스피노자는 보고 있다. 정서는 비록 인간의 본질이나 본성에서 나오는 것이지만, 정서의 본질을 인간의 본질로 설명할 수는 없다. 스피노자는 정서를 인간의 본성으로 설명하기보다는, 인간의 힘이나 능력과 비교되는 외적 원인의 본성에서 살펴보아야 한다고 주장한다. 외적 원인이 정서의 본성이라면 우리를 자극하는 외적 원인만큼 정서가 다양하게 나타나기 때문에 그만큼의 종류가 생길 것이다. 인간은 같은 대상을 놓고 서로 다른 정서를 갖는다. 뿐만 아니라 한 명의 인간도 같은 대상을 놓고 시간이나 공간 혹은 감정에 따라 서로 다른 정서를 갖는다. 즉 정서는 수동적인 영향을 받는다. 열정이라는 정서도 수동적인 한 사람마다 서로 다른 정서로 느끼고, 같은 인간이라도 상황에 따라 다른 정서로 느낄 만큼 변하기 쉽고 불안정하다.

인간이 이렇게 변하기 쉽고 불안정한 열정이라는 정서에 사로잡히면 어떻게 될까? 스피노자는 사람이 열정이라는 정서에 사로잡히면 서로 대립한다고 〈정리 34〉에서 주장한다. 예를 들어 베드로와 바울은 서로 슬퍼하는 원인이 될 수 있다. 베드로가 바울을 미워하거나, 바울이 좋아하는 것을 베드로가 갖고 있을 경우, 바울은 베드로 때문에 슬퍼할 것이다. 바울이 베드로를 미워하면 베드로는 또 바울을 미워할 것이고, 결국 두 사람은 서로에게 해를 끼치려 노력하면서 호시탐탐 기회를 노릴 것이다. 문제는 슬픔이라는 정서가 열정적이라는 것이다. 베드로와 바울의 예에서 보듯이 두 사람은 열정의 정서 때문에 서로 대립하거나 반대의 입장에 놓이게 된다. 이런 관점에서 볼 때 인간은 열정이라는 정서에 사로잡히면 서로 대립할 수밖에 없는 것이다.

인간의 본성은 문제만 주는 것이 아니라 해결책도 함께 준다. 열정이라는 정서를 가진 인간은 서로 대립하지만, 이성이 이 문제를 풀어 준다. 인간을 이롭게 살거나 유익하게 살도록 지도하는 것은 이성이며, 이 이성보다 더 인간의 삶에 이로운 것은 자연 안에 아무것도 없다고 스피노자는 믿고 있다(〈정리 35〉 보충 1). 인간이 이성의 지도에 따라 산다는 것은 곧 인간 본성의 법칙에 따라 사는 것이므로, 인간은 이성의 지도에 따라 살면 가장 이롭고 유익한 사람으로 살 수 있다. 그러므로 인간이 이성의 지도에 따라 살거나 생활하는 한, 인간 본성은 필연적으로 일치할 수밖에 없는 것이다.

이성의 지도에 따라 사는 삶이 가장 이롭고 유익하다는 것은 모든 사람이 인식하고 있다. 뿐만 아니라 인간 정신의 최고는 신을 인식하는 것이라고 했다. 그러므로 덕을 따른 인간의 최고의 선은 신을 인식하는 것이다. 선은 모든 사람에게 공통적으로 존재하며 인간의 본성은 모두 같기 때문에, 모든 사람이 소유하고 있는 선은 항상 같다. 모든 사람이 소유하고 있는 이 선을 인간은 즐길 권리가 있다.

모든 사람이 갖고 있는 이 선을 즐기기 위해서 자신을 위한 선을 원할 뿐 아니라, 다른 사람을 위한 선도 원하는 것이 인간의 본성이다. 신을 인식하는 것이 최고의 선이라면, 신에 관한 인식이 크면 클수록 선에 대한 욕구는 더 강해지는 것이 당연하다〈정리 37〉 본문). 인간은 이성의 지도에 따라 사는 것이 가장 이롭고 유익하기에, 모든 인간이 이성의 지도에 따라 살기를 바랄 것이고 그렇게 할 수 있도록 노력할 것이다. 인간이 이성의 명령이나 규칙에 따라 살기를 바라는 것은 최고의 선을 얻기 위한 바람이기 때문에 다른 사람도 그렇게 하도록 노력하는 것은 당연하다.

문제는 정서다. 같은 사물에 사람마다 다른 정서를 보이고, 같은 사람이라도 같은 사물로부터 다른 정서를 받는다고 했다. 정서는 외적인 영향을 받기 때문이다. 그렇다면 정서도 가능한 외적인 영향을 덜 받는 방법을 찾으면 될 것이다. 스피노자는 〈정리 38〉에서 인간 신체를 여러 가지 방식으로 자극받을 수 있는 상태로 만들거나 외부의 자극을 받는 데 알맞게 만들면 된다고 한다. 이를 위해 필요한 것은 인간 신체가 외부의 자극에만 의존하여 여러 정서를 만들어 내는 방법이 아니라, 인간 신체가 외부 사물을 자극할 수 있게 하는 방법이다. 스피노자는 외부의 자극에만 의존해 있던 수동적 정서가 인간 신체에 의해서 만들어지는 능동적 정서로 바뀔 수 있다고 보았다.

이렇게 함으로써 자신의 선을 위해 노력하는 각 인간은 다른 사람의 선을 위해서도 능력을 발휘할 수 있게 된다. 이는 곧 인간 사회의 공동체에도 도움이 될 수 있다(〈정리 40〉 본문). 인간이 혼자 사는 것보다 함께 살면 훨씬 유익하고 이로움을 주는 것이 선이다. 반대로 국가에 공동체 사회나 국가에 불이익을 가져다주는 것은 당연히 악이기 때문에 피해야 할 것이다. 결국 인간 공동체의 화합은 인간 이성의 지도에 따라 생활하는 것이고, 함께 사는 것이다. 스피노자는 이것을 공동체를 위한 선으로 보고, 그 반대는 공동체나 국가에 불화나 불이익을 주는 것이기 때문에 악이라고 본다.

6. 정서와 신체 활동 능력의 관계

윤리와 도덕의 가장 큰 목적은 악이 아니라 선이 행해지는 공동체 구성일 것이다. 그러기 위해 윤리나 도덕은 이성의 명령이든 이성의 규칙이든 구성원으로 하여금 선한 행동과 정서를 갖게 만드는 것이 가장 중요하다. 그런데 좋은 공동체의 전제는 바로 선한 개인이다. 스피노자는 이를 구체화시키기 위해서 〈정리 39〉에서 인간 신체의 운동과 정지의 비율에 대한 설명을 먼저 한다.

인간 신체는 외적 영향을 가장 많이 받기 때문에 인간 정서와 가장 밀접한 관계에 있다. 그래서 스피노자도 인간 신체를 외부 환경에 맞추거나 혹은 반대로 하여 정서를 최소화하는 것이 윤리나 도덕의 규칙을 정함에 도움이 된다고 보고 있다. 문제는 인간 신체의 부분들이 갖고 있는 운동과 정지의 비율을 어떻게 적절하게 유지하느냐는 것이다. 인간 신체가 외부의 자극을 받으며 스스로 유지되기 위해서는 외부의 자극이 필수적이라는 의미다. 인간 신체의 형태가 유지되는 것은 신체 부분들이 외부의 자극이 주는 운동을 일정한 비율로 전해 주기 때문이다. 인간 신체의 형태가 유지되기 위해서는 인간 신체가 외부의 자극을 많이 받을 수 있게 하거나 외부의 물체가 인간 신체에 많은 자극을 줄 수 있게 하면 된다. 이렇게 함으로써 인간 신체의 부분이 갖는 운동과 정지의 비율은 유지되기 때문에 우리는 이것을 선이라고 할 수 있다. 반대로 인간 신체의 부분에 운동과 정지의 비율이 유지되지 못하거나 파괴되면 이것은 악이다.

스피노자는 이 문제를 더 정확하게 설명하기 위해서 〈정리 39〉 주석에서 오늘날 우리의 관점에서 얘기하는 식물인간과 기억상실증 환자의 예를 들고 있다. 인간 신체의 한 부분인 혈액순환이 파괴되었다면, 신체가 살아 있어도 시체라고 보아야 한다는 것이 스피노자의 주장이다. 신체의 한 부분의 운동과 정지의 비율이 파괴되었다는 것은, 곧 각각의 본성이 변했다는 의미다. 즉 혈액순환의 본성이 바뀐다는 것은, 신체 한 부분의 운동과 정지의 비율이 파괴되어 새로운 본성을 갖게 된다는 말이다. 그러므로 신체가 죽지 않았지만, 본성이 바뀐 신체는 시체라고 할 수 있다.

뇌사 혹은 식물인간의 경우도 마찬가지다. 스피노자는 스페인의 한 시인의 예를 들고 있다. 스페인의 한 시인이 큰 병을 앓은 다음 회복되었지만, 모국어를 전혀 하지 못하거나, 과거의 자신을 전혀 기억하지 못하거나, 자신이 지은 작품을 전혀 알아보지 못한다면, 이 사람은 결코 병을 앓기 전의 시인과 동일인일 수 없다는 것이 스피노자의 주장이다. 병을 앓기 전과 후에 이 시인은 완전히 다른 본성을 갖게 되었고, 이것은 이 시인의 신체 일부분 중 운동과 정지의 비율이 파괴되어 본성이 달라졌기 때문이다.

인간은 자신의 본성을 지키려는 노력을 하며, 공동체의 선을 위해 스스로 운동과 정지의 비율을 지키려고 노력한다. 이렇게 인간 신체는 스스로 활동 능력을 증가시키는 것이 선임을 잘 알고 있다. 스피노자는 이 활동 능력 증가를 위해 필요한 정서에 대한 예를 〈정리 41〉에서부터 〈정리 66〉까지 정리하고 있다. 이 정리를 통해 스피노자는 여러 가지 정서와 관련된 인간의 행동도 함께 평가하고 있다. 이미 3부에서 정의한 정서가 한 번 더 설명되기도 한다. 중복되는 것은 생략하고 몇 가지 예를 들어 보면 다음과 같다.

먼저 스피노자는, 기쁨은 '직접적unmittelbar'으로 선이며, 반대로 슬픔은 직접적으로 악이라고 정의한다. 앞서 여러 번 기쁨과 슬픔을 정의했지만, 〈정리 41〉에서 정의는 직접적이란 개념이 포함된 것이 특이하다. 기쁨은 인간 신체의 활동 능력을 증가 혹은 촉진시키며, 반대로 슬픔은 억제하거나 감소시킨다. 그렇기 때문에 기쁨과 슬픔은 직접적으로 선이거나 악이다. 〈정리 42〉에서 스피노자는 쾌감 혹은 쾌활함 역시 인간에게 기쁨을 가져다주기 때문에 항상 선이라고 한다. 이 쾌활함은 인간 신체의 운동과 정지를 늘 같은 비율로 지나치지 않게 유지하게 해 주기 때문이다. 반대로 우울함은 슬픔이고, 이 슬픔은 인간 신체 활동 능력을 감소시키거나 제어하기 때문에 악이다. 〈정리 41〉과 〈정리 42〉를 중심으로 본다면 인간의 신체에 기쁨을 주는 것은 선이고, 반대로 슬픔을 주는 것은 악이다. 또한, 인간 신체의 운동과 정지를 같은 비율로 유지하면서 신체 활동 능력을 향상시키면 선이고, 그렇지 못하면 악이라는 것이 스피노자의 생각이다.

〈정리 41〉에서 중요한 개념이 '직접적'이라면, 〈정리 42〉

에서는 '지나치지 않는 것kein Übermaß'이다. 우리는 쾌감과 쾌활함의 비율을 지나치지 않게 잘 유지한다는 것이 쉽지 않음을 알고 있다. 그렇기 때문에 쾌감은 지나치면 악이 된다고 스피노자는 경고한다. 그러나 쾌감과 기쁨이 악이라는 것을 우리가 알고 고통을 느낀다면 그것은 곧 선이다. 즉 쾌감과 기쁨이 악이라면 그것은 선이다. 사랑도 쾌감과 마찬가지다. 사랑도 외부의 영향을 받는 관념이기 때문에 지나칠 수 있다. 사랑은 비록 기쁨이지만, 지나치면 악이 된다.

사람은 일반적으로 증오하는 사람을 싫어하고 해를 가하려 한다. 이렇게 증오는 어떤 악을 행하려 하기 때문에 선이 될 수 없다. 하지만 이성의 지도를 받고 따르며 사는 사람은 다른 사람에 대한 미움, 증오, 분노, 혹은 경멸 등을 사랑과 관용으로 포용하려고 노력한다.

슬픔 없이 있을 수 없는 희망과 공포의 정서는 그 자체로는 결코 선이 될 수 없다. 공포는 슬픔이며, 희망은 공포 없이 존재할 수 없기 때문이다. 뿐만 아니라 과대평가는 이성에 모순되기 때문에 과대평가의 정서는 언제나 악이다. 반면 호의의 정서는 이성과 모순되지 않고 일치하기 때문에 선이다. 호의는 다른 사람에게 친절하거나 잘 대해 주는 사람에 대한 사랑이기 때문이다. 사람이 자기 자신이나 자신의 활동 능력을 찬찬히 생각할 때 생기는 기쁨이 자기애다. 사람의 진정한 덕이나 활동 능력은 이성 그 자체다. 그리고 사람은 이런 이성을 너무나 명확하게 인식할 수 있다. 자기애는 이성에서 생겨난다. 그리고 이성에서 생기는 이 자기애야말로 인간의 신체에서 존재할 수 있는 최고의 것이다.

명예는 조금 다르다. 명예는 이성과 모순되지 않으며, 이성에서 생길 수도 있다. 그러나 헛된 명예는 시민의 잘못된 의견에서 키워진 자기애다. 시민의 의견이 사라지면 만족도 사라지고 시민의 사랑도 함께 사라진다. 명예를 얻으려는 사람은 시민이 마음을 얻어야 하기 때문에 온갖 편법과 불법을 동원하면서 모든 정열을 소모한다. 이렇게 얻은 명예는 자신에게 선을 주기보다는 오히려 남을 해치거나 다른 사람의 명예를 뺏기 때문에 어떤 만족도 주지 않고 공허할 뿐이다. 바로 이런 관점에서 명예는 이성과 모순되지 않지만, 이성에서 생길 수도 있다.

스피노자는 이렇게 선과 이성의 관계를 중요하기에 이성에서 생기는 모든 욕망은 그냥 지나칠 수 없다고 주장한다 (〈정리 61〉 본문). 욕망은 인간의 행동을 결정하게 하는 본질 그 자체이기 때문에 이성에서 생기는 욕망은 인간의 본질 안에서 생기고, 인간의 본질을 타당하게 해 주며 인간의 본질을 타당하게 생각하게 해 준다. 만약 이 욕망이 지나치면 인간의 본질이 지나치게 행동하거나 생각하게 되기 때문에 모순이 된다. 그러므로 이성에서 생기는 욕망은 절대로 지나칠 수 없다.

사람은 절대 지나칠 수 없는 욕망이 생기는 이성의 명령이나 규칙에 따라 행동한다. 사람의 덕 혹은 능력이 정서와 관련되어 있다면, 이 정서에 따라 선과 악은 두 가지 이상으로 나타날 수 있다. 이때 이성은 선의 경우에는 더 큰 것을, 악의 경우에는 더 작은 것을 따르라고 명령할 것이다. 시간도 마찬가지다. 현재를 중심으로 선과 악은 미래를 지향한다. 즉 미래의 선이나 악은 현재의 선이나 악보다 더 큰 선 혹은 작은 선을 추구하게 할 것이다. 이때 이성은 우리에게 현재의 선보다 더 큰 미래의 선을 추구하라고 명령할 것이고, 현재의 악에 비해 더 작은 악을 취하라고 명령할 것이다. 이 모든 것은 인간의 모든 욕망이 이성에서 생기기 때문에 일어나는 일이다.

7. 자유인

수동적 정서는 사람의 생활이나 삶을 소극적으로 만든다. 그래서 스피노자는 능동적인 정서가 필요하다고 했다. 그리고 이 능동적 정서를 위해 이성의 명령 혹은 이성의 규칙에 따른 삶을 원했다. 덕과 인간의 활동 능력이 동일하다는 관점에서 볼 때 이성의 명령을 받고 사는 사람은 이성에서 생긴 정서로 기쁨과 선한 행동으로 유덕한 사람이 될 수 있다.

또한, 이성적 삶은 욕망을 잘 억제하는 삶이라고 했다. 이와 함께 스피노자는 4부 마지막 부분 〈정리 67〉부터 끝까지 자유인에 관한 삶을 설명하고 있다. 이성의 명령이나 이성의 규칙에 따라 사는 사람은 선을 직접적으로 원하기 때문에 죽음의 공포에서 벗어날 수 있다. 이런 사람은 자신의 이익을 추구하고, 원칙에 따라 행동하고 생활하기 때문에 스스로 자신의 존재를 유지하려고 한다. 이런 사람의 지혜는 삶에 대한 성찰이 있을 뿐이지, 결코 죽음을 생각하지 않는다. 바로 이런 사람을 스피노자는 자유인der freie Mensch이라고 명명한다. 즉 자유인은 죽음에 대해서는 전혀 생각하지 않으며, 자유인의 지혜는 삶에 대한 생각으로 가득 차 있을 뿐이다.

〈정리 68〉에서 우리는 스피노자의 성무선악설性無善惡說을 알 수 있다. '사람은 선하게 태어날까, 악하게 태어날까?' 많은 사람이 이 문제를 논의했다. 스피노자도 그중 한 사람이었다. 스피노자는 사람이 자유롭게 태어났다면, 성무선악설이 맞다는 입장이다. 스피노자는 자유로운 사람은 이성에 따라 행동하는 사람이라고 했다. 자유롭게 태어나 자유롭게 생각하고, 자유롭게 살아가는 사람은 항상 타당한 관념만을 갖고 있다. 이때 이 사람은 어떤 악에 대한 관념도 가지고 있지 않다. 물론 선에 관한 관념도 갖고 있지 않다. 그렇기 때문에 사람이 자유롭게 태어나고, 사람이 자유롭게 사는 동안에는 선과 악에 대한 어떤 개념도 형성되지 않고 있다는 것이 스피노자의 주장이다.

선과 악을 모르는 자유인으로 살아가기에 이 세상에는 너무나 많은 정서가 있다. 그런데 이 정서는 보다 강하거나 큰 반대의 정서에 의해 극복되거나 제거될 수 있다고 했다. 스피노자는 '맹목적인 대담함'과 '공포'를 같은 크기의 정서로 보고 있다. 결국 맹목적인 대담함을 제거하기 위해서는 공포를 제거할 정도의 '인간의 덕'이나 '능력'이 필요하다. 자유인이 재난을 피하기 위해서는 재난을 극복할 정도의 덕이나 능력이 필요하다. 마찬가지로 자유인이 전투를 택하는 만큼, 전쟁에서 도피하는 것도 같은 수준의 능력을 요구한다.

자유인의 지혜는 죽음이 아니라 삶을 생각한다. 자유인은 선을 판단할 지혜를 갖고 있다. 지혜롭지 못한 사람도 지혜로운 사람만큼 선이나 친절을 베풀 것이다. 하지만 스피노자는 지혜롭지 못한 사람과 함께 사는 자유인은 그들의 선이나 친절을 피하라고 가르친다. 선이나 친절은 자신의 지혜에서 나오기 때문이다. 지혜롭지 못한 사람이 베푸는 선이나 친절에 대해, 지혜로운 자유인은 다르게 평가할 수 있다. 이때 무지한 사람은 자유인이 자신의 친절과 선을 무시한다고 미워할 수 있다.

이런 관점에서 지혜로운 자유인은 서로서로 어울려야 한다. 그래야 서로에게 베푼 친절이나 선에 대해 감사할 수 있다. 뿐만 아니라 그들은 서로 치사하고 비겁하게 행동하지 않으며 언제나 믿음과 신의를 갖고 행동한다. 만약 자유인이 간사한 행동을 한다면, 그것은 이성의 명령이나 규칙을 따르지 않는 행동이다. 이성의 명령에 따라 행동하는 동안 그 사람은 자유인이고, 자유인은 이성의 명령에 따라 부끄러운 행동이나 비겁한 행동을 하지 않고 단지 신의와 믿음으로 행동하기 때문이다.

명예의 정서에서 봤듯이 이성에 따라 행동하는 사람은 공포나 위협 때문에 자신에게 복종하지 않을 수도 있다. 그러나 이성의 명령이나 규칙에 따라 행동하는 사람은 자신의 존재를 지키고 자유인으로 살려고 노력한다. 자유인으로 살기 위해서는, 혼자만을 위해 행동해서는 안 된다. 공동체의 생활을 먼저 생각하고, 사회의 이익이나 번영을 고려해야 한다. 그러므로 스피노자는 〈정리 73〉에서 이성에 따라 사는 사람은 단지 자신에게만 복종하며 살기 때문에 고독 속에서 살 수밖에 없지만, 사회 안에 살면 훨씬 더 자유롭다고 했다. 그래야 이성 자체가 아니라, 이성의 명령에 따라 행동하기 때문이다.

자유인은 삶만 생각하고 죽음은 생각하지 않는다. 뿐만 아니라 선과 악에 대한 관념이 없으며 인간의 덕을 통해 재난을 극복할 수 있다. 그런데 문제는 신과 인간의 관계다. 만약 인간이 신을 전혀 염두에 두지 않는다면, 아무런 문제가 없다. 하지만 인간의 본성은 신으로부터 주어졌고, 신은 인간을 창조했다는 것이 문제다(〈정리 68〉 주석). 신은 인간에게 선악과善惡果를 주고, 먹지 말라고 했다. 그러나 인간은 그것을 먹었고, 이때부터 인간은 삶보다 죽음을 걱정하게 되었다. 뿐만 아니라 인간은 동물의 본성 속에서 인간과 비슷한 정서를 발견하고, 그것을 흉내 내기 시작한다. 이때부터 자유인은 자유를 잃었고, 신의 관념에 따라 살면서 인간의 관념을 어느 정도 회복했다. 이렇게 인간이 자유인이기를 포기하면서 선과 악이 생겨났다.

스피노자는 처음부터 인간의 모든 것은 신, 자연, 혹은 실체로부터 나온 것이라고 주장했다. 1부에서는 신만이 자유롭고 인간에게는 그런 자유가 없다고 했다. 하지만 4부에서는 자유인에 관한 주장을 하면서 인간에게도 자유가 있음을 어느 정도 인정하고 있다. 즉 지혜로운 자유인은 죽음을 생각할 필요가 없이 삶만 생각하면 되고, 자유인으로 존재하는 한, 이성의 명령에 따라 생활하면 선과 악은 존재하지 않는다고 했다. 뿐만 아니라 인간의 덕은 인간 능력에 따라 인간이 만든 정서를 제거하거나 촉진시킬 수도 있다고 했다. 정서에는 대립하는 정서도 있고 더 강하거나 약한 정서도 있기 때문에, 그것을 잘 이용하면 어떤 정서도 수동이 아닌 능동으로 활용할 수 있다.

6장
지성의 능력 또는 인간의 자유에 대하여

    스피노자의 『윤리학』을 제목만 놓고 본다면 분명 윤리나 도덕에 관한 저서다. 하지만 1부에서 스피노자는 창조하는 자연 혹은 창조된 자연 등을 통해 신, 실체, 그리고 자연의 관계를 설명하였다. 그리고 2부에서는 인간의 본성을 주로 다루고 있다. 관념을 이미 판단으로 본 스피노자는 자유의 지의 존재 자체를 부정한다. 3부에서 인간의 정서 문제를 다루면서 『윤리학』에 맞는 주제가 시작된다. 그리고 4부에서는 이 주제가 더 분명해진다. 특히 4부 마지막 부분에서 논의된 '자유인' 주제는 1부와 2부에서는 생각도 못 했던 내용이라 할 수 있다.

우리는 4부에서 무엇이 자유인지 분명히 알았지만, 1부와 2부의 내용을 볼 때 어떻게 자유인 혹은 자유에 도달할 수 있을까 하는 물음은 여전히 남아 있다. 스피노자는 5부에서 이 문제에 대해서 다루고 있다. 그런데 5부에서는 다른 곳과 다르게 〈정의〉는 없고 〈공리〉만 있다. 그래서 우리는 스피노자의 생각을 5부 머리말에서 찾아보아야 할 것이다.

1. 5부의 머리말과 〈공리〉

스피노자는 머리말 첫 문장에서 자유Freiheit에 도달하는 방법Weise 혹은 자유에 이르는 길Wege에 관한 설명을 한다. 이를 위해 이성의 능력을 두 가지로 제시하고 있다. 하나는 '이성 자체가 정서에 대해서 무엇을 할 수 있는가' 하는 것이고, 다른 하나는 '정신Geist의 자유와 지복至福, Seligkeit 혹은 행복Glückseligkeit이 무엇인가' 하는 것이다. 자유의 길에 이르는 방법은 여러 가지가 있겠지만, 스피노자는 정신이나 이성의 능력에 대해서만 논의하겠다고 설명하고 있다.

이성이 정서를 억제하기 위해서는 이성 자체가 큰 능력을 갖고 있어야 정서에 대해서 절대적 권력을 갖는다. 이성의 절대적 권력을 설명하기 위해서 스피노자는 먼저 스토아학파의 견해를 예로 들고 있다. 우리는 우리의 정서를 지배할 수 있을까? 스토아학파는 정서가 사람의 의지에 의존하기 때문에 절대적으로 정서를 지배할 수 있다고 믿었다. 하지만 스토아학파가 이 문제를 자신들의 원리나 이론으로 설명하려 하지 않고, 오히려 경험을 바탕으로 이해하려 했다는 것이 잘못이라고 스피노자는 본다. 스피노자는 집 지키는 개와 사냥개의 예로 스토아학파의 잘못을 설명하고 있다. 집 지키는 개를 잘 훈련시키면 당연히 사냥개가 될 수 있지만, 반대로 사냥개의 야성을 잘 억제하면 더 이상 사냥을 하지 않고 조용히 집을 지키게 할 수도 있다.

다음은 정신의 자유와 행복에 관한, 데카르트에 대한 입장이다. 데카르트는 스토아학파에 비하면 훨씬 발전한 이론을 가지고 있다. 데카르트는 정신을 뇌의 작용과 연결시켜 설명하고 있기 때문이다. 데카르트에 의하면 뇌의 한 부분인 송과선pineal gland은 인간의 정신과 결합되어 있다. 그리고 인간 정신은 이 송과선을 통해 인간 신체에 가해지는 모든 운동이나 외부 자극을 감지할 수 있다. 뿐만 아니라 외부의 자극이나 신체에 가해지는 모든 감각은 뇌의 중앙에 있는 이 송과선에 다양한 방식으로 전달되어 많은 흔적을 남긴다. 그러므로 정신이 다양하게 움직이려는 의지가, 송과선의 운동과 결합하여 여러 상태로 나타나, 정신의 행동 방식을 결정하거나 촉진시킨다.

하지만 스피노자는 이런 데카르트의 생각을 거부한다. 눈에 보이지 않는 정신의 의지가 눈에 보이는 송과선을 전제로 한다는 데카르트의 생각을 스피노자는 이해하기 힘들었던 모양이다. 예를 들어 어떤 사람이 멀리 떨어진 물건을 본다고 가정하자. 멀리 떨어진 물건을 보기 위해서는 우리 눈의 수정체가 얇아져야 한다. 하지만 이 의지 자체가 수정체의 두께를 조절하지는 않는다. 우리는 먼저 수정체를 얇게 하거나 두껍게 하겠다는 의지를 시신경을 통해 보내야 하는데, 그저 멀리 떨어진 물건을 보겠다는 의지만 갖고 있기 때문이다.

인간 정신이 송과선과 연결되어 있고 송과선이 인간 정

신의 여러 상태를 지배할 수 있다면, 송과선의 운동인 정신의 운동을 우리의 의지와 결합시킬 수 있다. 결국 우리의 정신이 의지를 결정할 수 있다는 의미다. 이에 따라 삶에 활력을 주는 확실한 정서라고 판단되는 것은 우리의 의지로 잡을 수 있고, 소유할 수 있다. 우리 인간은 자신의 정서에 대해서 절대적인 권력을 행사할 수 있다. 스피노자는 데카르트가 송과선을 통해 정신의 문제를 모두 해결해 주기를 바랐다. 하지만 스피노자의 관점에서 데카르트는 그 문제를 해결하기 위해 특별한 원인을 제시하지 못했다. 스피노자는 어쩔 수 없이 이 문제를 해결하기 위해서 전체 우주의 원인, 즉 신에게 되돌아갈 수밖에 없었다고 한다.

하지만 스피노자가 알고 싶은 것은, 송과선이 얼마나 큰 힘을 갖고 있는지, 정신이 어느 정도 운동을 송과선에 줄 수 있는지, 송과선이 갖고 있는 힘을 중심으로 어떤 상태를 유지하고 있는지다. 스피노자는 의지와 운동 사이에는 어떤 관계도 없다고 본다. 만약 사람이 위험에 처했을 때 정신은 자신의 의지에 따라 도망가려 할 것이다. 하지만 운동은 과연 정신의 의지에 따라 움직여 줄까? 그래서 스피노자는 정신과 신체의 능력을 과연 서로 비교할 수 있을지 묻는다.

우리는 이미 정신의 능력을 오직 지성에서만 정의하였다. 그래서 5부에서는 정서의 치료법이나 정신의 인식에 따라 결정되는 행복과 자유의 길에 대해, 스토아철학이나 데카르트의 철학이 아닌, 스피노자의 관점에서 설명하고 있다.

머리말에 이어 스피노자는 다음과 같이 두 가지 공리를 설명하고 있다.

공리:
- 같은 주체 안에서 두 가지 서로 상반되는 활동이 일어난다면, 대립이 멈출 때까지 이 두 활동 중 최소 하나의 활동에는 변화가 있다.
- 결과의 본질이 그 결과가 있게 한 원인의 본질로 설명되거나 규정되는 한, 결과의 힘은 그 결과가 있게 한 원인의 힘에 의해서 규정된다.

2. 소극적 정서 제거 첫 번째 단계

머리말에서 스피노자는 의지만으로 정서를 잘 다룰 수 없다고 봤다. 정신의 능력이나 힘은 사물을 이해하는 것이다. 정신은 외부 사물을 인간 신체를 통해 인식하거나 관념화시킨다. 이때 정신은 상상에 따른 표상으로 인간 신체가 외부 자극으로부터 얻는 관념에 오류가 있음을 인정해야 한다. 그래서 인간 정신은 사물을 우연하거나 가능한 것으로 상상하여 표상하지만, 필연적으로 인식하여 관념화한다. 마찬가지로 우리는 사물을 지속적인 것으로 상상하여 표상하지만, 영원이라는 표상 아래서 인식한다.

정서의 문제도 마찬가지다. 정서의 개념을 얻을 때 우리가 능동적으로 정서의 개념을 취하는 것이 아니라, 외부 자극이 정서를 우리에게 수동적으로 연결시킨다. 그래서 우리는 정서를 능동적 개념으로 만드는 것이 아니라 수동적으로 변화시킨다. 스피노자는 이런 수동적인 정서를 이성으로 바꾸어야 한다고 주장한다. 〈정리 1〉부터 〈정리 4〉까지는 그 첫 번째 단계라고 할 수 있다.

〈정리 1〉은 이미 논의한 2부 〈정리 7〉과 함께 시작한다. 인간 정신은 인간 신체의 외부 자극에 대한 관념이고, 관념의 질서와 결합은 사물의 질서와 결합이 같다. 그래서 관념의 질서나 결합이, 정신 안에서 신체의 변용에 대한 질서나 결합과 상관관계가 생기듯이, 그 반대도 마찬가지다. 인간 정신 안에는 사유와 사물이 질서를 잡고 있듯이, 인간 신체 안에는 인간 신체의 변용이나 사물의 표상도 질서를 잡고 잘 결합되어 있다.

사랑과 미움의 형상을 구성하고 있는 외적 원인의 관념은 기쁨과 슬픔이다. 기쁨과 슬픔이라는 외적 원인에 대한 관념이 사라지면, 형상인 사랑과 미움도 사라진다. 여기에서 보듯이 인간 정신의 심한 움직임이나 요동으로 생기는 정서를 외적 원인의 형상에서 분리시켜 다른 원인과 결합시키면, 외적 원인에 대한 관념은 사라진다. 결국 기쁨이나 슬픔에 관한 정서와 이 정서에서 생기는 사랑과 미움이라는 정서도 함께 사라져 없어진다.

정서에는 수동적인 것과 능동적인 것이 있지만, 대부분은 수동적이다. 이 수동적 정서는 명확하지 않고 혼란한 관넘이다. 그런데 이 수동적인 관념을 명확하거나 분명하게 관념화시키면 이 관념은 인간 정신과 관계를 맺어 더 이상 수동적이지 않게 된다. 바로 이런 관점에서 우리가 정서를 보다 실질적으로 인식하거나 더 분명하게 알게 되면, 그 정서는 인간의 능력 안에 존재하게 되고, 정신은 정서에 그만큼 덜 얽매이게 된다.

정신 안에서 명확하고 분명하게 되지 않는 수동적 정서는 없다고 했다. 정서가 외부 자극에 의한 신체의 변용이기 때문에 아무리 수동적 정서라고 할지라도 분명한 개념은 갖고 있다. 이를 다른 관점에서 본다면, 인간 신체가 갖는 외부 자극 중에는 공통적인 어떤 것이 있다는 말이다. 이 공통된 것은 타당한 것으로 파악되며, 이렇게 파악된 수동적 정서는 명확한 개념을 형성한다. 결과적으로 인간 신체의 변용은 모든 수동적 정서를 명확한 관념으로 바꿀 수 있다(〈정리 4〉 본문).

인간 정신은 인간 신체의 변용에 따라 생기는 정신을 절대적으로 완벽하게 이해하거나 관념화시키지는 못할 것이다. 하지만 인간 정신의 한 부분이나마 분명하게 인식할 수 있는 능력과 힘을 갖고 있다. 그래서 인간은 조금이라도 더 많은 부분을 분명하고 확실하게 인식하도록 노력해야 한다. 인간 정신이 보다 확실한 정서로 인식된다면, 우리는 충분히 만족할 수 있다. 그러기 위해서 우리는 정서를 인간 신체의 변용으로 생기는 외적 원인의 사유에서 분리시켜, 인간 정신의 참다운 사유와 결합시켜야 한다. 이렇게 함으로써 정서의 기본인 사랑과 미움이 소멸되고, 기본 정서에서 생기는 충동이나 욕망과 같은 여러 가지 정서도 지나치지 않게 나타난다.

수동적 정서나 능동적 정서는 같은 충동에 의해서 나타난다. 인간은 본성상 다른 사람도 자신과 같은 사고나 행동을 갖고 살아가기를 바란다. 이 욕구나 충동이 인간 이성의 명령이나 규칙에 따라 나타나면 능동적 정서가 되지만, 그렇지 못하면 수동적 정서가 된다. 수동적 정서는 모든 충동이나 욕구가 정당하지 못한 관념에서 생겨나기 때문이다. 인간 정신은 사유하고 타당한 관념을 만드는 것 외에 어떤 능력도 없다. 이성의 명령이 규칙에 따르는 것 외에 특별히 능동적 정서를 만들 방법은 없는 것이 문제다.

스피노자는 이렇게 소극적 정서는 없다며 소극적 정서 제거의 첫 단계를 마친다. 비록 이 첫 번째 단계가 조금은 추상적이라 할 수 있지만, 〈정리 1〉부터 〈정리 4〉까지 논리적 오류를 줄이기 위해 스피노자는 노력하고 있다.

3. 소극적 정서 제거 두 번째 단계

스피노자는 이성으로 소극적 정서를 치료할 수 있다고 보았다. 그리고 치료 단계를 모두 세 단계로 나누었다. 첫 번째 단계에서는 추상적인 내용을 많이 포함하고 있었다. 두 번째 단계는 〈정리 5〉부터 〈정리 10〉까지로, 경험을 예로 들기 때문에 첫 번째 단계에 비해 조금은 쉽게 접근할 수 있다.

인간 정신은 인간 신체의 외부 자극에 대해, 비록 오류가 있다고 할지라도 상상으로 표상하고 정서를 만들어 낸다. 이 정서가 같은 원인을 가지는 것을 전제로 할 때, 현재 우리 앞에 있는 정서가 미래나 과거의 정서에 비해 훨씬 강하고(4부 〈정리 9〉), 필연적인 정서가 가능적이거나 우연적인 정서보다 더 강하다(4부 〈정리 11〉). 자유라고 표상하는 사물은 다른 대상 없이 자신에 의해서 인식되기 때문에(3부 〈정리 49〉) 필연적인 것보다 강하다.

사물이 어떻게 생겨나는지 우리가 확실하게 알 수는 없지만, 사물이 필연적, 우연적, 혹은 가능적으로 생겨난다고 표상할 수 있다. 그중에서 가장 강한 것이 필연적으로 생겨나는 것에 대한 표상이다. 그렇다면 사물이 자유롭게 생겨난다는 표상은 어떨까? 아마도 우연적으로 생겨난다는 표상보다 강할 것이다. 그런데 이 자유롭다는 의미를, 스피노자는 단순하게 표상하는 것이라고 한다. 그리고 이 단순한 표상은, 주어진 다른 조건이 모두 같을 경우 필연적, 우연적, 혹은 가능적인 표상보다 강하다고 한다. 즉 인간 정신이 단순하게 표상하는 것에 대한 정서는 최대의 정서다.

결국 인간 정신에서 정서가 나오고, 이 정서는 소극적이냐 적극적이냐에 따라 인간이 윤리 혹은 도덕적으로 완전한가 아닌가가 정해진다. 스피노자는 정신이 단순하게 표상하는 것에 대한 정서가 최대의 정서라는 예를 들고 있다. 모든 사람은 어린 시절을 보낸다. 모든 어린이는 걷거나 말하는 것을 비롯해 모든 면에서 어른이 보기에 측은할 정도로 의식이 없는 시기를 보낸다. 하지만 어떤 어른도 어린이를 측은해하지 않는 것은, 모든 사람이 어린 시절을 보내는 것이 자연적이며 필연적이기 때문이다. 그런데 만약 몇몇 어린이만 어린 시절을 보내고 나머지 사람은 태어나면서부터 어른이라면, 몇몇 어린이를 사람들은 당연히 측은하게 생각할 것이다. 그 이유는 모두가 태어나면서부터 어른인데 어린 시절을 보내는 그 어린이는 자연적이거나 필연적이지 못한, 자연의 잘못이라고 생각하기 때문이다.

이렇게 사람뿐 아니라 모든 사물도 자연적이고 필연적이라는 것을 우리는 명백하게 인식하고 있다. 어린이의 예에서 봤듯이, 사물에 대한 자연적이고 필연적인 표상이 클수록 정서에 대한 정신은 더욱더 커진다. 바로 이런 측면에서 인간 정신은 모든 것을 필연적이고 자연적이라고 인식할 뿐 아니라, 모든 것에는 무한한 원인이 끊임없이 연결되어 있음을 인식하고 있다. 그렇기 때문에 인간 정신은 모든 것을 필연적이고 자연적으로 인식하는 한, 정서에 대해서 더 큰 능력을 가지고, 정서로부터 작용을 덜 받는다.

그렇다면 존재하지 않는 사물에 대한 표상은 어떤가? 존재하지 않는 사물에 대한 사유는 그 사물 자체로부터 생기는 것이 아니라, 사물의 존재 자체를 거부하는 것에서 생긴다. 마찬가지로 존재하지 않는 사물을 사유함으로 생기는 정서는 사물 자체의 존재 유무를 사유하는 인간 정신의 활동이나 능력의 문제가 아니라, 외적 원인의 존재를 부정하는 자극에 의해 어떤 방식으로든 방해받는다. 이런 정서에 반대되거나 외적 원인으로 존재하는 정서는 차츰 희미해지는 반면, 이성에서 생겨나는 정서는 점점 더 강해진다. 그러므로 이성에서 생기는 정서나, 이성에 의해서 계속 환기되는 정서는, 시간의 관점에서 볼 때, 존재하지 않는 사물에 대한 정서보다 더 강할 수밖에 없다.

실질적으로 존재하지 않는 사물에 대한 정서는 이성적으로 환기를 통하지 않고는 계속 유지될 수 없다. 반면 존재하는 사물은 끊임없이 외적 자극이 주어지기 때문에 많은 원인을 가진 존재가, 적은 원인을 가진 존재보다 더 강한 정서를 가진다. 이런 측면에서 볼 때 정서의 이성적 환기와 정서의 강도는 비례할 수밖에 없다.

스피노자는 〈정리 9〉 증명에서 정신의 자유로운 사유를 방해하는 정서를 악으로 보고 있다. 그런데 인간 정신은 외부 자극에 대해서 여러 가지를 한 번에 받아들일 수 있다. 이때 정신은 많은 정서를 생산해 낸다. 그런가 하면 인간 정신이 여러 가지를 사유하지 못하게 막아 한 가지 혹은 소수의 정서를 생산해 낼 수도 있다. 어느 것이 인간 정신에 더 유익할까? 답은 분명하다. 여러 가지 다른 원인에 관계되는 정서는, 하나 혹은 소수의 원인에 관계하는 정서보다 더 유익하다.

인간 본성과 대립되는 나쁜 정서는 인간 정신으로 하여금 외부 자극을 인식하지 못하게 방해하는 한, 악이다. 반대로 인간 본성에 대립되는 정서에 압도당하지 않는 한, 사물을 인식하려는 인간 정신의 능력이나 힘은 아무런 방해도 받지 않는다.

〈정리 10〉 주석에서 스피노자가 든 예를 보자. 우리는 살아가면서 생활에 필요한 규율을 정한다. 하지만 이 생활 규율이 처음부터 몸에 익거나 배지 않는다. 하지만 우리가 사는 최선이 길이 생활방식을 지키는 일이라는 것을 끊임없이 환기하고 적용시키면, 인간 정신은 이 생활 규율을 표상화한다. 그리고 우리는 이 생활 규율에 따라 여러 가지 영향을 받고 살며, 이 생활 규율은 언제나 우리에게 명백하고 확실한 판단을 하게 만들 것이다. 이렇게 외부 자극에 의한 인간 신체의 변용이 올바르게 질서를 이루고 있다면, 우리 정신은 외부의 나쁜 정서에 쉽게 자극받거나 휘둘리지 않을 것이다.

마찬가지로 미움을 사랑이나 관용을 베풀어 다스리지 않고 미움으로 되갚으면 올바른 생활방식이라 할 수 없다. 그러기 위해서 이성은 항상 인간이 저지를 수 있는 불법을 염두에 두고, 관용을 베풀어 효과적으로 제거할 수 있는 방법을 갖고 있어야 한다. 이때 불법에 대한 우리의 표상은 생활 규율의 표상과 결합하여 우리 이성 안에 존재하게 될 것이다. 더 나아가 우리가 우리의 우정과 사회의 공동선에 대해서 생각하고, 그로부터 생길 수 있는 이익을 끊임없이 떠올린다면, 불법이나 불법으로 생길 수 있는 미움은 표상의 최소 부분만 차지하게 되어 쉽게 정복될 것이다. 물론 불법에서 생겨난 많은 분노가 쉽고 사라지지는 않겠지만, 우리가 미리 알지 못한 경우보다는 쉽고 빠르게 정복될 것이다.

하지만 인간 정신의 사유와 표상이 질서를 이루는 데 있어서 우리가 주의하여야 할 것은, 각 사물의 좋은 점만 생각해야 한다는 것이다. 예를 들어 어떤 사람이 스스로 명예욕에 집착하고 있다는 사실을 알면, 명예를 어떻게 사용하는 것이 올바른가 하는 것을 먼저 생각하여 알아야 한다. 그리고 왜 사람은 명예를 추구할 수밖에 없는가, 명예를 얻기 위해서 어떤 수단과 방법을 취해야 하는가에 대해서도 깊이 생각하여야 한다. 반대로 명예의 부정적인 측면인 명예의 공허함이나 인간의 변덕스러움 등에 대해서는 생각하지 않는 편이 훨씬 좋다. 명예욕의 부정적인 면이나 허망함에 대해서 많이 얘기하는 사람일수록 명예욕에 굶주려 있기 때문이다.

이렇게 스피노자는 명예욕을 예로 들었지만, 이것은 명예욕에 사로잡힌 사람에게만 적용되는 것이 아니다. 선택받지 못한 운명, 예를 들면 가난한 가정환경에서 태어난 운명을 지닌 사람이나 힘없는 정신을 가진 모든 사람에게 공통적으로 일어나는 현상이다. 가난하면서 욕심이 많은 사람은 부자의 탐욕스러움이나 구두쇠 근성 혹은 죄에 대해서 끊임없이 비난한다. 이런 가난한 사람의 비난은 오히려 스스로를 괴롭히고, 부富가 자신의 분통을 터트리는 원인이라는 것을 남들에게 가르쳐 주는 꼴이 되고 만다.

실연한 사람도 마찬가지다. 실연당한 사람은 연인의 변덕스러움이나 극심한 감정 기복 등 연인의 결점에 대해서 생각하고 남에게 쉽게 얘기한다. 하지만 이 사람이 다시 그 연인과 결합하면 언제 그랬느냐는 듯이 모두 잊어버리고 다른 사람처럼 행동한다.

이 모든 것을 잘 알고 있는 사람은 각 사물에 대해서 좋은 것만 생각하지, 나쁜 것은 생각하지 않는다. 정서나 외적인 충동을 자유에 대한 사랑으로 통제하거나 지배하고자 하는 사람은, 덕이나 덕으로부터 생겨난 원인에 대해 최대한 인식하려 한다. 그리고 이 같은 과정을 통해 덕의 참된 인식에서 나온 환희와 기쁨으로 정신을 충만하게 한다는 것이 스피노자의 생각이다.

이렇게 스피노자는 두 번째 단계에서 소극적 정서를 적극적으로 바꾸려 하기 때문에, 첫 번째 단계와 다르게 경험적인 내용을 예로 들어 쉽게 풀어 설명하고 있다.

4. 소극적 정서 제거 세 번째 단계

소극적 정서 제거 세 번째 단계는 〈정리 11〉부터 〈정리 20〉까지로 앞 두 단계와 조금 다른 방법으로 스피노자는 접근하고 있다. 스피노자는 우리가 정서에 대해서 더 많이 이해할수록 신에 대해 더 많이 알고 이해할 수 있을 것이라고 한다. 여기서 신에 대한 이해는 신에 대한 사랑이다.

스피노자는 〈정리 4〉에서 외부 자극에 따른 신체의 변용을, 정신이 분명하고 확실하게 관념하지 못하는 경우는 없다고 했다. 정신은 신체의 변용을 표상하고, 표상에 대한 상을 만든다고 했다. 인간 정신에 나타난 이 표상에 따라 정서가 생겨난다. 그리고 이 표상이나 정서는 환기를 통해 다른 정서를 만들어 내는 원인이 된다. 그래서 스피노자는 〈정리 11〉에서 표상은 더 많은 외부의 사물과 관계하여 빈번하게 나타날수록 정신을 그만큼 더 소유한다고 했다.

인간 정신이 신체의 변용을 확실하게 인식하지 못하는

경우는 없지만, 더 분명하게 관념하는 것은 있다. 그 이유는 사물이 갖고 있는 공통된 본질이나 특징 때문이다. 즉 사물에 공통된 특징이나 본질이 있을 때, 우리는 이를 쉽게 환기하여 표상으로 만들 수 있다. 이런 사물이야말로, 그렇지 못한 사물보다 쉽게 표상할 수 있고, 표상도 비슷한 것과 쉽게 결합할 수 있다.

하지만 이 모든 확실하고 분명한 사물의 표상도 결국 신의 관념에 연관되어 있다는 것 스피노자는 〈정리 15〉에서 주장한다. 즉 인간 정신이 인식할 수 없는 것이 아무것도 없다고 할 때, 이것은 신과 관련되어 있기에 가능하다. 이렇게 신과 관계된 자신의 정서를 인간 정신이 분명하고 확실하게 인식할 때, 인간은 기쁨을 느낀다. 이 기쁨을 느낀 인간은 신을 사랑할 수밖에 없다. 그리고 이런 인간이 자기 자신과 자신의 정서에 대해서 많이 인식하고 관념할수록 신을 더욱더 사랑하게 되는 것이다.

바로 이런 관점에서 스피노자는 〈정리 16〉을 통해, 신에 대한 사랑이 인간 정신을 가장 많이 점유하고 있어야 한다고 말한다. 신에 대한 인간 정신의 사랑은 외부 자극에 따른 인간 신체의 변용과 깊이 연결되어 있다. 그리고 신에 대한 사랑은 바로 이 변용에 의해서 키워진다. 그러므로 신에 대한 사랑이 인간 정신을 가장 많이 점유하고 있는 것이다.

인간 정신은 자신의 정서가 신과 관계될 때 기쁨을 느낀다고 했기에 인간 정신은 자신의 정서를 수동이 아닌 능동으로 지배할 수 있다(〈정리 15〉 본문). 그리고 신에 대한 사랑이 인간 정신을 가장 많이 점유하고 있다는 것은, 사랑이 기쁨의 원인이기에 미움의 원인인 슬픔이 없다는 것이다(〈정리 16〉 본문). 즉 신에 대한 사랑이 인간 정신을 많이 차지했다는 것이 아니라, 완전히 점유하면 오직 기쁨만 남는다는 의미가 된다. 아마도 스피노자는 이 둘을 전제로 하고 〈정리 17〉 이후부터 신의 사랑에 대한 주장을 하는 것 같다.

신에게 관계되는 모든 관념은 참이고 타당하기 때문에 신은 인간과 달리 수동적인 것에 예속되지 않는다. 반면 인간은 수동적인 것에 예속되기 때문에 완전성의 관점에서 본다면 신은 완전성 그 자체다. 그래서 신은 인간과 다르게 정서적인 면도 완전하여 기쁨이나 슬픔의 정서에 흔들리지 않는다. 이렇게 기쁨이나 슬픔의 정서에 흔들리지 않는 신은 어떤 누구도 사랑하거나 미워하지 않는다.

이런 관점에서 어떤 누구도 신을 미워할 수 없다(〈정리 18〉 본문). 인간 정신이 관념으로 알고 있는 신은 완전성 그 자체다. 신이 완전성으로 있는 한, 인간 정신은 신의 완전성을 닮으려는 활동을 계속한다. 바로 이 점에서 어떤 누구도 신을 미워할 수 없고 슬픔의 정서를 가질 수 없다. 이는 곧 신에 대한 사랑은 미움으로 바뀌지 않는다는 의미이기도 하다.

인간 정신의 모든 것은 신으로부터 나온다고 했다. 그런데 인간은 기쁨과 슬픔을 함께 갖고 있기에 인간 정신의 정서 중 슬픔의 원인은 신이라 할 수 있다. 하지만 스피노자는 인간이 신을 슬픔의 원인으로 느끼는 순간 슬픔의 정서는 더 이상 수동이 아니라 능동이라고 말한다. 즉 우리 정신이 신을 슬픔의 원인으로 인식하거나 관념하는 순간, 우리 정신은 곧바로 기쁨을 느낀다는 것이다. 인간이 신을 사랑하도록 노력할까 아니면 신이 인간을 사랑하도록 노력할까? 스피노자에 따르면, 만약 신이 인간을 사랑하도록 노력한다고 하면, 인간은 자신을 사랑하는 신이 더 이상 신이 아니기를 바랄 것이라 보고 있다. 그렇기 때문에 신을 사랑하는 사람은 신이 자신을 사랑하려 노력한다는(〈정리 19〉 본문) 것을 인정하지 않는다.

스피노자는 인간의 신에 대한 사랑이야말로 이성의 명령이나 규칙에 따라 추구할 수 있는 최고의 선이라고 본다. 이런 최고의 선을 추구하면서 모든 사람이 기뻐한다. 신에 대한 이런 사랑은 인간 정신의 질투나 시기의 정서로 더럽혀지거나 퇴색되어서는 안 되고, 더 많은 사람이 오히려 신에 대한 이런 사랑을 즐기기를 표상함으로써 더욱 향상될 수 있다.

사랑에 대립하여 미움이라는 정서는 생길 수 있지만, 사랑에 직접 대립하여 사랑 자체를 파괴할 수 있는 정서는 어떤 것도 없다. 이런 관점에서 신에 대한 사랑은 모든 정서 중에서도 영구적이다. 사랑이란 정서가 영구적이기 때문에 만약 이것을 인간 신체에 관련된 정서라면, 인간 신체가 파괴되기 전에는 이 사랑이란 정서도 파괴되지 않는다.

스피노자는 소극적이고 수동적인 정서를 제거하고, 능동적이고 적극적인 정서로 윤리나 도덕적 규범을 삼고자 했다. 이를 위해 소극적 정서를 제거하는 단계를 모두 셋으로 나누어 설명하고 있다. 그 마지막 세 번째 단계에서 스피노자는 우리가 정서를 더 많이 이해하기 위해서는 신을 더 많이 이해하고 사랑해야 한다고 했다. 즉 능동적 정서를 갖는다는 것은 곧 신에 대한 사랑을 갖는 것이라 할 수 있다.

이를 바탕으로 스피노자는 〈정리 20〉 주석에서 몇 가지 결론을 내리고 있다. 먼저 강한 정서에 대한 설명이다. 같은 정서에 대해 사로잡히는 정도는 사람마다 다르다. 이렇게 어떤 정서가 이 사람보다 저 사람을 더 많이 사로잡을 때, 우리는 이것을 더 강한 정서라고 말한다. 그리고 한 개인에게도 여러 가지 정서가 있는데, 이 정서 중에서 더 많이 사로잡히는 정서가 있다. 이것을 스피노자는 다른 정서에 비해 더 강한 정서라고 말한다.

두 번째 결론은 마음의 병을 앓는다거나 불행을 겪을 때의 경우다. 스피노자는 인간 정신의 많은 변화는 정서에서 오고, 이 정서의 많은 변화 속에서 결코 가질 수 없는 것에 대한 지나친 사랑이 바로 이런 마음의 병이나 불행을 가져다준다고 한다. 대부분의 사람은 자신이 사랑하지 않는 것에 대해서는 어떤 부정적인 생각이나 걱정도 하지 않는다. 하지만 어느 누구도 진정으로 가질 수 없는 사랑에 대해서, 대부분의 사람은 적개심을 갖거나 의심을 하기 때문이다.

마지막으로 인간 정신의 확실하고 분명한 판단이나 인식은, 우리가 영원하고 완전한 것을 결코 가질 수 없다는 것을 알면서도 사랑한다는 사실이다. 대부분의 사랑은 사랑 자체가 갖고 있는 부족한 면이나 완전하지 못한 결점에 의해서 스스로 미움으로 변하거나 더럽혀진다. 하지만 영원하고 완전한 것에 대한 사랑은 이런 사랑 자체의 결점에 의해서도 더럽혀지지 않고 오히려 점점 더 커지며, 정신의 가장 큰 부분을 차지하게 된다.

스피노자는 이렇게 완전하고 영원하며 불변하는 신의 사랑으로 인간 정서가 적극적으로 바뀔 수 있으면, 결과적으로 정서가 능동적으로 변할 수 있다고 본다.

5. 인간 정신의 영원성

스피노자는 5부 〈정리 20〉까지 세 부분으로 나누어 소극적이고 수동적인 정서를 적극적이며 능동적인 정서로 바꾸어야 한다고 주장하고 있다. 인간 윤리와 도덕은 적극적인 인간의 행위나 행동 없이는 불가능하다. 왜냐하면 적극적인 인간 행위나 행동은 외부 자극으로부터 생기는 인간 정서의 능동성 혹은 적극성 없이는 불가능하기 때문이다. 이렇게 인간 정서가 적극적이고 능동적일 때 인간 정신은 자유를 얻으며, 행복할 수 있다. 이때 인간은 윤리적, 도덕적으로 자유와 행복을 누릴 수 있다. 그래서 스피노자는 5부 〈정리 21〉부터 마지막까지 이 문제를 다루고 있다. 이를 다시 둘로 나누면, 앞부분은 인간 정신의 영원에 관한 내용이고, 뒷부분은 신의 지적인 사랑에 관한 내용이다. 인간 정신의 자유와 행복이야말로 스피노자가 그의 『윤리학』에서 추구하는 최고의 목적이라 할 수 있다.

먼저 〈정리 21〉부터 〈정리 31〉까지 다루어진 인간 정신의 영원성에 대해 다룬다. 스피노자는 인간 정신의 영원성을 설명하기 위해서 〈정리 21〉에서 인간 정신과 신체의 관계를 설명한다. 정신은 신체에 의존하고 있기 때문에, 신체가 존재하는 동안 정신은 모든 것을 표상할 수 있고 과거도 기억할 수 있다. 이렇게 인간 정신은 신체가 지속하는 동안 자신의 신체를 현실적 존재로 표현하고, 신체의 변용을 현실적인 것으로 파악한다. 하지만 각 인간 신체의 본질과 존재의 원인은 신이므로, 인간 신체의 본질은 영원한 신의 본질에 의해서 필연적으로 파악된다. 이렇게 파악된 인간 신체의 본질은 필연적으로 신 안에 존재한다.

인간 신체의 본질은 정신의 영원한 상으로 남는다. 인간 신체는 시간이 지나면서 자연스럽게 사라지거나 파괴된다. 그러면 이때 인간 정신도 신체와 함께 파괴되거나 사라질까? 스피노자는 그렇지 않다고 보고 있다. 인간 정신은 신체와 함께 파괴되거나 사라지지 않고, 그 가운에 영원한 '어떤 것'이 남아 있게 된다고 〈정리 23〉에서 말한다. 일반적으로 이원론이나 영혼불멸설을 주장하는 사람에게 이 '어떤 것'은 남다른 의미다.

신에 원인을 두고 있는 인간 신체의 본질을 나타내는 개념이나 관념은 신 안에 존재할 수밖에 없다. 그리고 인간 정신의 원인도 신이므로, 신체의 본질에 속하는 개념이나 관념은 결국 정신의 본질에 속하는 것이다. 이렇게 인간 정신과 신체는 본질에 의한 개념이나 관념만으로 연결된 것이 아니라 다른 것으로도 함께하기 때문에, 신체가 사라지거나 파괴되면 정신도 함께 파괴된다. 하지만 스피노자는 인간 정신은 신의 본성으로부터 나온 것이기 때문에 정신의 본질 중 '어떤 것'은 다른 이원론이나 영혼불멸설과 조금은 차이가 있다고 말한다.

스피노자는 〈정리 23〉 주석에서 영원한 정신의 '어떤 것'이란 영원한 상 아래에서 인간 신체의 본질을 나타내는 개념이나 관념이라고 한다. 그리고 이 관념은 특정한 사유 형태로 인간 정신의 본질에 속하는 필연적으로 영원한 것이다. 하지만 특정한 사유 형태인 이 관념은 우리 인간 신체에 앞서서 존재했다는 어떤 증거나 기억도 갖고 있지 않다. 단지 우리는 그것을 느끼거나 경험할 수 있을 뿐이라고 스피노자는 설명하고 있다. 즉 인간 정신은 필연적으로 영원하지만, 이 존재가 시간적으로 지속하고 있다는 것을 설명할 수는 없고 단지 느낄 수만 있다. 바로 여기서 우리는 인간 신체가 존재하고 지속하는 동안 인간 정신이 존재한다고 말할 수 있다. 그리고 이 같은 전제하에서, 인간 정신은 신체에 자극을 주는 각 사물의 존재를 시간적으로 정하고 파악하는 능력만 있다는 사실을 알 수 있다.

그리고 이를 인식할 수 있는 것은 이미 2부에서 설명한 '제3종의 인식'인 직관지라고, 스피노자는 〈정리 25〉부터 설명하고 있다. 스피노자는 직관지를 통해 신에 대해 더 많이 인식할 수 있다고 주장한다. 직관지는 우리가 갖고 있는 신의 속성에 대한 타당한 '관념Idee'을, 사물에 대한 본질의 타당한 '인식Erkenntnis'으로 바꿔 준다. 그리고 이런 방법으로 각각의 사물을 많이 인식할수록 신을 더 인식하게 된다. 그러므로 정신의 최고의 노력 혹은 최고의 덕은 사물을 직관지로 인식하는 데 있는 것이다.

이렇게 '제3종의 인식'인 직관지가 사물을 인식하는 데 적합하다고 정신이 판단하면, 정신은 끊임없이 직관지를 통해 사물을 인식하기를 원한다. 바로 이런 관점에서 정신은 직관지를 통해 사물을 인식하기보다는 신을 인식하려 한다. 그래서 인간 정신의 최고의 덕은 신을 인식하는 것이며, 인간 정신은 직관지를 통해 신을 인식할 때 최고의 만족을 느낄 것이다.

인간 정신이 '제3종의 인식'인 직관지를 통해 신을 인식한다면 다른 종의 인식은 어떨까? 스피노자는 〈정리 28〉에서 앞서 논의한 본성을 지키려는 노력인 코나투스를 통해 이를 설명하고 있다. 즉 의견이나 표상으로 분류했던 '제1종의 인식'에는 사물을 인식하려는 노력인 코나투스가 없다. 하지만 이성으로 분류한 '제2종의 인식'에는 이런 코나투스가 있다. '제1종의 인식'은 혼란한 인식을 갖고 있지만, '제2종의 인식'도 직관지처럼 타당한 인식을 갖고 있기 때문에 사물을 인식하려는 욕망이 생길 수 있다.

스피노자는 시간이 지나도 파괴되지 않는 '어떤 것'이 인간 정신 안에 있고 그것을 직관지를 통해 인식할 수 있다고 했다. 이 영원한 정신의 '어떤 것'이란 영원한 상 아래에서 파악된다고 했다. 그렇다면 이제 마지막으로 알아봐야 할 것은 영원한 상이다. 스피노자는 이 영원한 상의 문제를 〈정리 29〉부터 다루고 있다. 문제는 신체가 소멸하거나 파괴되면 인간 정신도 함께 사라지느냐 아니냐이다. 인간 정신과 신체는 시간상 같이 사라진다. 영원성의 지속만으로 신체가 소멸할 때 정신도 함께 소멸하느냐의 문제를 설명하기에는 불가능하다. 그래서 스피노자는 정신을 사물의 영원한 상 아래에서 파악해야 한다며 영원한 상을 끌어온다.

인간 이성의 본성은 사물을 영원한 상 아래에서 파악하게 하고, 인간 정신의 본성은 신체 본질을 영원한 상 아래에서 인식하게 한다. 이 두 가지는 인간 정신의 본질에 속하기 때문에 사물을 영원한 상 아래에서 인식하는 이 능력이야말로 인간 정신에 속하는 것이다. 스피노자는 〈정리 30〉에서 신의 본질이 필연적 존재를 포함하고 있는 한, 영원성은 신의 본질 그 자체라고 설명한다. 각각의 사물이 신의 본질을 통해 실제 존재하는 것으로 파악될 때, 우리는 사물을 영원한 상으로 파악한다고 말할 수 있다. 이때 비로소 인간 정신은 영원한 상 아래에서 신에 대한 인식을 필연적으로 가지게 된다. 나아가 인간 정신은 신 안에 있으며, 신의 의해서 파악된다는 것을 알게 된다.

인간 정신의 영원성에서 스피노자는 인간 정신이 인간 신체의 본질을 영원한 상 아래에서 파악할 수 있다는 것을 분명히 설명하고 있다. 물론 이때 인간 정신은 스스로 영원해야 가능하다. 그렇기 때문에 인간 정신은 스스로 영원해야 신의 인식을 가질 수 있으며, 이 인식은 필연적으로 타당한 인식이 된다. 물론 인간 정신은 신이 준 모든 인식을 파악하기에 충분히 적합하다.

6. 신의 지적인 사랑과 인간의 행복

영원성을 인식하는 것은 인간의 직관지라고 스피노자는 주장했다. 우리는 왜 직관지를 통해 신의 영원성을 얻어야 할까? 스피노자는 그 이유를, 신이 주는 지적인 사랑을 통한 인간의 행복이라고 말한다. 5부 마지막 부분인 〈정리 32〉부터 끝까지, 스피노자는 이 문제에 대해서 설명하고 있다.

스피노자는 신을 인식하는 것이 인간 정신의 최고의 덕이라 했고, 직관지를 통해 인간 정신을 인식할 때 최고의 만족을 느낀다고 했다. 그리고 이 최고의 만족을 〈정리 32〉에서는 기쁨으로 바꾸고 있다. 최고의 만족 혹은 기쁨을 느끼는 이유는 인간 정신에 신의 관념까지도 함께하고 있기 때문이다. 신의 관념과 함께하는 이 기쁨은 직관지가 그 원인이다. 그리고 이 직관지를 통해 인간 정신에는 현존하는 신에 대한 사랑Liebe이 아니라, 영원하다고 인식하는 신에 대한 사랑이 생겨난다. 그리고 이런 사랑을 스피노자는 〈정리 32〉 보충에서 '신에 대한 지적 사랑'이라고 표현하고 있다. 그리고 이 직관지의 인식에서 생기는 신에 대한 지적인 사랑이야말로 영원한 것이다(〈정리 33〉 본문).

스피노자는 직관지를 통해 얻어지는 신의 인식을 인간 정신의 최고의 만족 혹은 기쁨이라 여겨 신의 지적인 사랑으로 표현했다. 여기서 우리는 논리적 비약을 볼 수 있는데, 직관지를 인간의 행복으로 〈정리 33〉 주석에서는 설명하고 있다. 논리적 비약이 지나치다는 느낌이 있다. 신은 여러 가지로 표현할 수 있지만, 그중 하나가 신의 완전성이다. 그리고 신의 완전성은 신의 지적 사랑까지도 완전하게 만든다. 인간 정신이 완전한 신의 지적 사랑을 얻는다면, 인간 정신은 그것을 영원성의 원인으로 소유하고, 최고의 만족 혹은 기쁨으로 완전하게 될 것이다. 이때 인간은 행복에 이르게 된다. 인간 정신은 신과 다르게 완전성을 처음부터 갖게 된 것이 아니라, 직관지를 통해 인식하면서 갖게 된다는 것이 신과 인간의 완전성의 차이라고 할 수 있다.

인간과 다르게 신의 본성은 처음부터 절대적이고 무한한 완전성 그 자체다. 그리고 신의 본성을 원인으로 자신의 관념을 동반하기 때문에, 신은 인간과 다르게 무한하고 완전한 지적 사랑으로 스스로를 사랑한다. 인간 정신의 신에 대한 지적 사랑은 인간 정신의 활동에 의해서 얻어진다. 정신의 활동이란 인간 정신의 원인인 신의 관념을 갖고 인간 정신 스스로를 고찰하는 활동이다. 그렇기 때문에 인간 정신의 신에 대한 지적 사랑은 신이 자기 자신을 사랑하는 무한한 사랑의 일부이다.

스피노자는 〈정리 36〉 주석에서 인간의 행복 혹은 자유는 신에 대한 영원한 사랑이나 인간에 대한 신의 변함없는 사랑이라고 설명한다. 그리고 이 사랑이나 행복이 구약성서에서는 명예 혹은 '영광Ehre'으로 표현된다. 신에 대한 영원한 사랑이 신에 관계하든 인간 정신에 관계하든 결국 영혼에 만족하는 것이기 때문에 영광과 다르지 않다. 이 사랑은 신에 관계하거나 인간 정신에 관계하거나 상관없이 우리에게는 기쁨이다. 이 신에 대한 지적 사랑은 신의 본성에서 생기는 것이기 때문에 인간 정신의 본성에는 필연적으로 생길 수밖에 없다. 그래서 자연 속에는 신의 지적 사랑에 대립되거나 이를 소멸시킬 수 있는 어떤 것도 존재하지 않는다(〈정리 37〉 본문).

인간 정신의 본질은 인식이다. 그리고 스피노자는 인식을 네 가지로 나누어서 설명했다. 그중 제2종 혹은 제3종의 인식에서만 사물을 인식하려는 코나투스가 생긴다고 했다. 인간 정신이 이렇게 두 종류의 인식을 통해 더 많은 것을 인식하면 할수록 인간 정신의 본질에 대립하는 나쁜 정서가 들어올 자리가 없어진다. 나쁜 정서의 침해를 덜 받을수록 인간 정신은 명석해지고, 신의 지적 사랑을 더 많이 받아들일 수 있다. 그리고 제3종의 인식을 통해 최고의 만족 혹은 기쁨을 얻을 수 있기 때문에 인간은 죽음을 덜 두려워하게 된다(〈정리 38〉 본문). 비록 어떤 것이 영원히 남는다고 할지라도 인간 정신은 신체와 함께 파괴되거나 소멸되는 것에 대해서 대수롭지 않게 생각하고, 인간 정신이 그런 사실을 본성으로 여겨도 전혀 상관없게 되는 것이다.

신의 지적 사랑을 받는 인간 정신을 파괴하거나 이와 대립하는 것이 자연 속에는 없다. 이는 인간 정신의 본성 중에 자연과 대립하는 정서가 거의 없다는 것을 보여 준다. 그러므로 인간 신체는 자연의 여러 활동에 적합하고, 나쁜 정서에 노출되지 않는다. 이런 신체를 가진 사람은 영원한 정신이 인간 정신의 많은 부분을 차지하고 있기 때문에 이같은 일이 가능하다. 신, 인간 정신과 신체, 그리고 각각의 사물이 모두 완전성을 갖고 있으면 어떨까? 무엇이 무엇의 원인이 된다는 것은 곧 완전성의 문제다. 더 완전한 것이 덜 완전한 것에 원인을 제공한다는 의미다. 결국 각각의 사물이 완전성을 가지면 가질수록 더 활동적이고 다른 사물의 작용을 덜 받게 될 것이다.

이것을 인간 정신에 적용해 보자. 인간 정신 중에서 영원한 '어떤 것'이 있다고 했다. 영원하다는 것은 완전하고 무한한 것이다. 정신의 본질에 여러 가지가 있다면, 정신에 남아 있는 영원한 '어떤 것'은 정신의 다른 것보다 더 완전하다. 또한, 영원한 '어떤 것'은 신의 지적인 사랑이라고 했다. 결국 정신에 남아 있는 어떤 것은 지성이다. 그리고 우리 인간은 이 지성을 통해 활동한다. 반면 정신 속에서 소멸되거나 파괴되는 것은 신체의 외부 자극에서 생긴 표상이다. 즉 인간은 이 표상력을 통해 작용받는다. 그러므로 인간 정신 속의 지성은 크기와 상관없이 표상보다 더 완전하고 무한하다.

그런데 문제는 인간이 과연 인간 정신 속에 이 영원한 '어떤 것'이 있다는 사실을 알 수 있을까 하는 것이다. 비록 인간이 이것에 대해서 알지 못할지라도 스피노자는 〈정리 41〉과 주석에서 '의무감Pflichtgefühl'과 '종교Religion', 그리고 이성의 명령 혹은 이성의 규칙을 중요하게 여기라고 말한다. 인간이 자신의 덕이나 생활 방식을 정할 때, 첫 번째로 고려하는 것이 자신의 이익 추구이다. 이때 인간 정신은 무엇이 유익하다는 명령을 내릴까? 앞에서 이성의 명령과 이성의 규칙을 논할 때, 우리는 인간 정신의 영원한 '어떤 것'을 논의하지 않았다. 그때도 우리는 이성의 명령과 규칙에 따르라고 했다. 지금은 영원한 '어떤 것'이 무엇인지 알지만, 여전히 최고의 덕이나 인간의 행복을 위해서 스피노자는 이성의 명령을 얘기한다. 인간의 행복은 덕에 따른 보수가 아니라 덕 그 자체이기 때문이다(〈정리 42〉 본문).

　행복은 신에 대한 지적인 사랑이고, 이 사랑은 직관지의 인식에서 생긴다. 그러므로 이 사랑은 인간 정신에 속해 있다. 그래서 스피노자는 이를 덕 자체라고 한다. 뿐만 아니라 신의 지적 사랑이나 행복을 누릴수록 인간 정신은 신을 더 인식하게 된다. 이에 따라 인간 정신은 나쁜 정서에 대해 작용을 덜 받는다. 나쁜 정서에 작용을 덜 받는다는 것은, 쾌락이나 욕망을 덜 갖고도 신적 사랑이나 행복을 누리는 것이 가능하다는 의미다. 정서를 억제하는 힘은 지성에서 나오기 때문에 나쁜 정서를 억제하여 행복을 누리는 것이 아니라, 쾌락이나 욕망을 억제했기 때문에 행복 자체가 생기고 신적 사랑을 느끼게 되는 것이다. 그러므로 행복은 덕에 따른 보수가 아니라 덕 자체이며, 인간 정신은 쾌락을 억제해서 행복을 누리는 것이 아니라, 행복을 누리기 때문에 쾌락이나 욕망을 억제할 수 있는 것이다.

　스피노자는 『윤리학』 5부를 이렇게 〈정리 42〉로 마무리하고 있다. 이 마지막 부분에 대한 내용은 여러 스피노자 연구가들이 하나같이 분명하지 않다거나 이해하기 쉽지 않다고 설명하고 있다. 여러 가지 이유가 있겠지만 스피노자는 당시 자신을 옥죄고 있던 종교적인 문제를 함부로 다루지 못한 것이 아닌가 생각해 본다. 하지만 종교의 문제를 배제한다 해도 스피노자의 주장에서 마땅한 답을 찾을 수는 없다.

뿐만 아니라 5부 뒷부분에서는 행복에 이르는 길을 분명하게 설명하고 있지만, 앞부분에서 제시한 자유의 문제는 여전히 분명하게 설명하지 못한다. 인간이 자유로워야 행복의 길에 이를 수 있다. 하지만 스피노자는 어떻게 하면 자유에 도달할 수 있을까 하는 문제를 분명하게 설명하지 않았다. 단지 일반적으로 자유에 도달하는 방법만 설명하고 있을 뿐이다.

결국 스피노자는 자유의 길에 도달하는 방법과 행복의 문제를 독자의 고유한 몫으로 남긴 것이 아닐까.

7장

후기

1. 파문 후의 삶과 저술

스피노자의 파문에는 양면성이 있다고 했다. 유대인 집단으로부터 동떨어진 생활이 하나이고 다른 한 면은 종교로부터의 자유로운 생활이 주는 철학 연구였다. 물론 이것은 스피노자의 관점이다. 파문을 당한 후, 그는 판 덴 엔덴이 근무하는 학교에서 학생을 가르치며 행복한 삶을 이어갔다. 하지만 스피노자를 파문시킨 종교에서는 그를 쉽게 놓아주지 않았다. 스피노자는 유대교의 관점에서 볼 때 악인이다. 어떤 맹신자가 스피노자는 죽어 없어지는 것이 마땅하다고 생각하고, 어두운 밤을 이용하여 기습적으로 암살을 시도하기도 했다. 다행히 목에 약간의 상처만 입었을 뿐이었지만 스피노자는 이처럼 무서운 사건을 겪기도 했다.

더 이상의 외부 활동이 불가능하다는 사실을 안 스피노자는 집안에서 생활하기 시작한다. 이렇게 해서 스피노자의 천직이었던 렌즈 깎기와 함께 그의 은둔 생활이 시작된다. 스피노자는 어릴 때부터 렌즈 깎는 기술을 배웠다. 히브리 율법에 따르면 모든 학생은 수공업 기술을 한 가지 이상 익히게 되어 있다. 스피노자는 당시 렌즈 깎는 수업을 좋아했지만, 일거리는 많지 않았다. 그는 겨우 하숙비를 낼 정도로 풍족하진 못했지만, 행복한 삶을 살았다.

아버지가 돌아가시고 5년 정도 암스테르담에 더 머물던 스피노자는 자신이 하숙하던 집 주인이 레인스뷔르흐로 이사를 하면서 어쩔 수 없이 함께 거처를 옮겼다. 스피노자가 살던 집은 현재까지 남아 있다. 거리 이름은 스피노자 거리 Spinozalaan 29로, 지금은 스피노자 박물관으로 사용하고 있다.

스피노자는 1660년 레인스뷔르흐로 이사한 후 본격적으로 그의 철학 연구를 시작한다. 스피노자는 많은 저서와 논문을 남겼다. 하지만 생전에 발표된 저서는 두 권뿐이다. 그중 하나는 익명으로 출판되었다. 그의 첫 번째 저서인 『신, 인간 그리고 인간의 행복에 관한 소고』는 1661년 서술되었지만 19세기에 와서 발견되었다. 그런데 발견된 연도가 조금 다른 면이 있다. 코플스톤Frederick Copleston(1907-1994)은 그의 저서 『서양철학사A History of Philosophy』 중 제4권 『데카르트에서 라이프니츠까지Descartes to Leibniz』에서 스피노자의 이 저서는 1831년 발견되었다고 서술했고, 듀란트는 『철학 이야기』에서 1852년 판 플로텐Van Vloten이 발견했다고 기록했다. 중요한 것은 스피노자 생전에 그의 첫 번째 저서를 출판하지 못했다는 것이다.

1661년 혹은 1662년에 저술한 것으로 보이는 『지성개성론Abhandlung über die Verbesserung des Verstandes』은 미완성 유고집이다. 그리고 1663년에는 유일하게 스피노자 이름으로 『(기하학적 방법에 근거한) 데카르트의 철학 원리Descartes' Prinzipien der Philosophie auf geometrische Weise begründet』가 출판된다.

유대교 집단으로부터 파문당하고 추방당한 스피노자가

데카르트 철학을 전공하고 전문가로 알려진다는 것이, 오히려 데카르트를 추종하고 전공하는 사람에게 불편한 관계로 다가왔다. 이런 불편한 관계는 스피노자가 레인스뷔르흐를 떠나는 또 다른 이유가 되고 말았다.

하지만 데카르트 관련 서적이 출판되고 데카르트 철학을 가르치면서, 스피노자의 후견인을 자처하는 정치가와 기업가가 생겼고, 편지를 통해 많은 교류가 이어졌다. 하지만 스피노자는 쉽게 자신의 하숙집에서 나오려 하지 않았다. 결국 스피노자의 후견인을 자처하는 사람들이 스피노자에게 대도시로 이주할 것을 권유했고, 스피노자는 레인스뷔르흐보다 더 큰 도시인 포르뷔르흐Voorburg로 1663년 이주한다.

2. 헤이그에서의 삶과 『윤리학』

포르뷔르흐에서의 시기가 스피노자에게는 최고의 시기인 것으로 보인다. 1670년 헤이그Hague로 이주하자마자 많은 저서들이 기다렸다는 듯이 쏟아져 나오기 때문이다. 이 많은 저서는 포르뷔르흐 시기에 구상했던 내용이라고 할 수 있다. 하지만 당시 시대상을 고려할 때 이 모든 저서는 매우 위험한 내용이라 함부로 출판할 수도 없었고, 해도 안 되는 것이었다. 이 시기에 저술된 저서 중 『신학 정치론』만 익명으로 출판되었고, 나머지는 모두 유고로 출판되었다.

스피노자의 생애 중에서 가장 결정적인 순간은 1673년에 찾아온다. 독일 하이델베르크 대학교 교수이며 선제후 평의회를 담당하고 있던 파브리티우스Johann Ludwig Fabritius(1632-1697)는 1673년 2월 16일 스피노자에게 아주 정중하게 한 통의 편지를 보낸다. 당시 독일 팔츠Pfalz 지방을 통치하고 있던 선제후Kurfürst 카를 1세Karl I. Ludwig(1617-1680)가 스피노자를 하이델베르크 대학교 교수로 초빙하기를 원했기 때문이다. 스피노자의 업적과 유명세를 카를 1세는 인정한 것이다.

이 편지에는 먼저 스피노자의 철학에 대한 완전한 자유를 약속할 테니 제발 교수초빙에 응해 달라는 내용이 담겨 있다. 스피노자로서는 철학의 자유를 보장한다는 선제후의 약속만으로도 더할 나위가 없었다. 하지만 한 가지 조건이 있었다. 스피노자가 철학의 자유를 통해 팔츠 지방 선제후가 인정한 종교에 대해서 다른 이론을 제시하지 말라는 것이었다.

스피노자는 망설임 없이 이 제안을 거절하였다. 스피노자는 철학의 자유야말로 종교의 자유에서 온다고 믿었기 때문이다. 스피노자는 1673년 3월 30일 파브리티우스 교수에게 교수 초빙에 관한 거절의 답신을 보낸다. 스피노자는 자신이 현재 누리고 있는 지위보다 더 높은 지위를 원하지 않으며, 더 많은 행복도 바라지 않고 지금의 '조용함'을 너무나 사랑한다고 설명하고 있다.

여기서 우리는 스피노자가 주장한 '조용함'에 대한 사랑이 무엇인지 물어봐야 할 것이다. 스피노자는 1663년 『(기하학적 방법에 근거한) 데카르트의 철학 원리』를 본인의 이름으로 발표한 다음 어떤 책도 출판하지 않았다. 그렇다고 저술 활동을 하지 않은 것은 아니었다. 『지성개선론』을 1662년 저술하였지만, 미완성 유고집으로 남겼고, 1670년에 익명으로 출판한 『신학 정치론』은 표지까지 바꿔 가며 출판을 이어 가야 했다. 뿐만 아니라 1661년부터 쓰기 시작한 『윤리학』은 1677년에 완성되었지만 역시 유고집으로 남겼으며, 마지막 그의 야심작이었던 『국가론*Abhandlung über den Staat*』 역시 미완의 유고집으로 남게 된다. 이런 일련의 작업을 수행하고 있던 그가 1673년 말한 '조용함'에 대한 사랑이란, 자신의 작업이 끝날 때까지 어떤 외부의 자극이나 공직자로서의 철학에 대한 자유를 방해받지 않겠다는 의미임을 우리는 쉽게 알 수 있다.

'조용함'을 사랑한 우리의 철학자는 1670년 헤이그로 이사한 이후 더 바쁜 나날을 보냈다. 대외적으로 이름과 사상이 알려지면서 많은 사람과 서신을 교환하였으며, 더 많은 연구를 하였다. 그 결과가 어쩌면 1675년에 완성한 『윤리학』인지도 모르겠다.

사실 『윤리학』이 완성된 것은 1665년이었다. 1661년부터 시작된 이 저서는 5년 만에 완전히 탈고를 마쳤다. 하지만 『윤리학』을 출판할 정도로 유럽의 정세는 철학의 편에서 있지 않았다. 스피노자가 출판을 포기한 가장 큰 이유는 암스테르담의 의사이며 철학자였던 쾨르바흐*Adriaan Koerbagh*(1633-1669) 때문이다. 쾨르바흐는 스피노자와 신에 대한 비숫한 생각을 갖고 있었다. 그는 자신의 견해를 담은 저서를 1664년과 1668년에 걸쳐 두 권으로 발표하였다. 그런데 이 저서가 문제가 되어 쾨르바흐는 1668년에 10년 형을 선고받고 복역 중 사망하고 말았다. 이런 상황 속에서 스피노자는 자신의 『윤리학』을 출판한다는 것이 무리임을 너무나 잘 알고 있었다.

이렇게 또 『윤리학』은 10년 가까이 스피노자의 서랍 속에서 잠을 잘 수밖에 없었다. 그사이 스피노자는 1670년 『신학 정치론』을 익명으로 출판하였다. 어쩌면 이 책의 출판은 『윤리학』을 출판하기 위한 사전 작업이었을지도 모른다. 하지만 결과는 참담했다. 익명으로 발표하고 표지도 바꾸었지만, 1674년 이 저서는 금서목록에 올랐다. 다행히 1675년 1년 사이를 두고 스피노자가 체감하는 네덜란드 정치적 온도는 조금씩 달라졌다. 스피노자는 과감하게 『윤리학』을 출판하기 위해 암스테르담으로 향했다. 그리고 그곳에서 출판작업을 열심히 진행했지만 끝내 책이 출판되지는 않았다.

1675년 여름 『윤리학』의 출판은 최소한 초고가 끝났던 것으로 보인다. 스피노자는, 브레멘Bremen에서 태어나 런던 왕립학회Royal Society in London에서 여러 해 동안 총무원장으로 지내면서, 17세기 영국 학문의 발달에 주도적 역할을 담당하던 자연철학자이며 외교관이었던 올덴부르크Heinrich Oldenburg(1618?-1677)로부터 1675년 6월 8일과 7월 22일, 두 차례에 걸쳐 『윤리학』의 출판 진행에 대한 편지를 받는다.

같은 해 가을 스피노자는 7월 22일자 편지에 대한 답을 하면서 『윤리학』을 왜 출판하지 못했는지, 암스테르담에서 들은 얘기를 소상하게 적고 있다. 암스테르담에서는 곧 스피노자가 신이 없다는 주제로 저술한 책이 출판될 것이라는 소문이 퍼졌고, 안타깝게도 암스테르담의 많은 사람이 이 소문을 진짜라고 믿고 있었다. 심지어 일부 신학자는 이미 스피노자를 왕실과 의회에 고발한 상황이었다. 그나마 믿을 만한 친구가 이런 상황을 스피노자에게 전해 주었고, 이 사실을 안 스피노자는 더 이상 『윤리학』을 출판할 수 없었던 것이다.

스피노자는 『윤리학』의 출판을 완전히 접고 헤이그로 돌아와 다른 책을 서술하기 시작한다. 이렇게 1675년 스피노자의 소논문이 나온다. 「무지개에 관한 대수학적 계산 *Algebraische Berechnung des Regenbogens*」과 「우연의 계산*Berechnung von Wahrsceinlichkeiten*」이 두 편의 소논문이 그것이다. 그리고 미완성 유고로 남은 『국가론』을 저술하기 시작한다.

1676년에는 스피노자에게 좋은 일이 일어난다. 라이프니츠가 방문한 것이다. 1671년 루이 14세를 설득하기 위해서 마인츠에서 파리로 파견된 라이프니츠가 하노버Hanover로 돌아가던 중 스피노자를 방문하기 위해서 헤이그에 들른 것이다. 1671년 10월 5일 라이프니츠는 스피노자에게 편지를 보냈고, 스피노자는 같은 해 11월 9일 답신을 보냈다. 이때 두 사람이 주고받은 내용은 광학에 관한 내용이었지만, 스피노자를 만났으면 하는 라이프니츠의 뜻이 편지에 담겨 있었다. 그리고 그 뜻은 5년 후에야 이루어졌다. 잘 알려진 것처럼 라이프니츠가 너무 바빴기 때문이다. 이 만남에서 스피노자는 출판하려다 멈춘 자신의 저서 『윤리학』의 초고를 라이프니츠에게 보여 주며 그 내용에 대해서 주로 얘기를 나눴다.

1677년 스피노자는 삶에 한계를 느꼈다. 자신뿐 아니라 주위의 모든 사람이 스피노자의 삶이 얼마 남지 않았다는 것을 알았다. 폐병은 스피노자 집안의 병력이었다. 뿐만 아니라 그는 좁은 하숙집에서 렌즈를 깎으면서 생활했고, 늘 먼지와 살았다. 가족력과 그의 생활은 그의 삶을 더 악화시켰다. 1677년 2월 21일 스피노자의 주치의 메이어Lodewijk Meyer(1629-1681)는 더 이상 스피노자의 삶을 붙잡을 수 없었다. 스피노자는 메어어의 품에 안겨 조용히 생을 마감했다.

스피노자는, 자신의 삶은 포기했지만, 그의 저서는 끝까지 포기하지 못했다. 스피노자는 항상 자신의 저서에 대한 불안감을 갖고 있었다. 출판의 기회도 없었지만 출판해야 된다는 강박관념이 늘 그를 억눌렀다. 그나마 다행인 것은 하숙집 주인이 스피노자의 상황을 잘 이해한 것이다. 죽음이 가까이 왔다는 사실을 인지한 스피노자는, 자신의 원고가 자신이 죽은 후 분실되거나 소실되는 것이 두려워 모든 원고를 서랍에 넣은 다음 자물쇠로 잠갔다. 그리고 그 열쇠를 하숙집 주인에게 맡기며, 자신이 죽으면 암스테르담의 출판업자 류베르츠Jan Rieuwertz에게 원고를 넘겨주라고 부탁했다. 이렇게 하숙집 주인의 도움으로 스피노자의 유고집과 미완성 유고집이 스피노자가 세상을 떠난 해 12월에 출판될 수 있었다.

44세의 짧은 삶을 살고 간 스피노자에 대한 애도의 물결은 대단했다. 종교를 떠나 그의 지혜를 사랑한 많은 사람이 그의 순수하고 순박한 삶을 사랑했다. 어떤 누구를 만나도 항상 온화했던 그의 태도에 감동했다. 그의 묘지에는 정치인부터 필부匹夫/婦에 이르기까지, 가톨릭 신자부터 유대인까지, 모든 계층의 사람과 종교인이 함께 모여 그의 마지막을 슬퍼했다. 자신이 믿은 종교로부터 파문당하고 추방당했지만, 철학의 자유라는 이름으로 모든 것을 이해하고 받아 준 스피노자의 진정하고도 조용한 자유를 우리는 여기서 볼 수 있다.

[세창명저산책]

세창명저산책은 현대 지성과 사상을 형성한 명저들을 우리 지식인들의 손으로 풀어 쓴 해설서입니다.